感謝中天電視台　中天

青年論壇

系列節目

本書全部版稅捐贈：財團法人中華民國

骨肉癌關懷協會

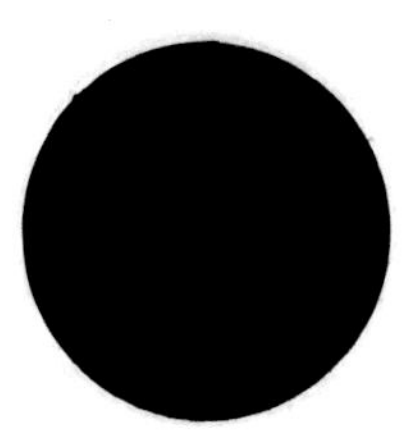

「紛擾的歲月在每個人物身上都會刻下不同的負荷或啟發，
走不出來的是負荷；跨越的是啟發。」

陳文茜

成功是一條鋼索

我看見他，只有三歲，不停地敲著自己腦袋。陪同我一起探望台北榮總兒童癌症病房的劉若英，禁不住問一旁的醫生：「他的頭很痛是嗎？」醫生說：「不，他想表達自己的意思，但說不出來，在生氣。」這個才三歲的孩子罹患腦癌，已動了兩次腦部腫瘤手術。

另一個七歲左右的骨癌患者，已接受了數次化療，臉蒼白，却仍笑瞇瞇，平生最大願望至東京迪士尼樂園；爸爸問了北榮兒癌病房人稱「陳爸爸」的陳威明主任，陳主任說：「去吧！讓她圓夢。」她開心的玩了幾天，最終倒在夢想樂園中。父親流著淚，急忙地背著她奔回醫院。那一天，我們看到她，燦爛的笑容，包括她自己都知道自己的生命可能正在倒數。她沒有哭，劉若英問她：「我把我的怪眼鏡框借你戴好嗎？」她點了早已沒有頭髮的頭，晶晶亮亮的頭頂，晶晶亮亮的眼神；笑咪咪地與劉若英、陳威明主任和我合照。

她是真正的「明星」；一個對明日仍充滿渴盼的星辰，希望還有明天！再一個明天！再一個明天！

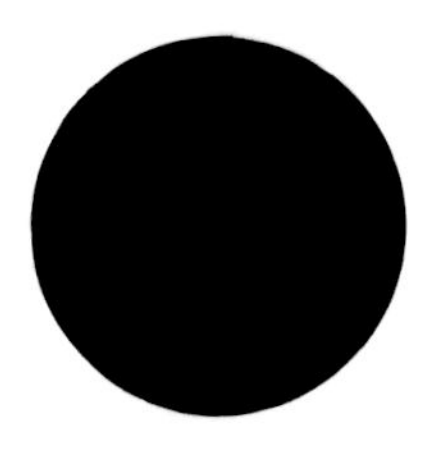

這本書《我害怕成功》收錄的內容離兒癌病房的孩子們都非常遠，但我希望它近一些；我們多靠近他們一些，因為他們的無常境遇，因為他們的堅強，我們會更珍惜生命中的點點滴滴。對那些孩子而言，「長大」都是奢侈的願望，何況「成功」？至於什麼叫「失敗」，他們字典裡沒有這個字彙，因為那代表的不是我們俗世功名利祿中的任何狀況，它指的是「死亡」。一切的結束。

《我害怕成功》這本書籍所有的版稅，將全數捐給「中華民國骨肉癌關懷協會」，希望能為骨癌的孩子家庭盡一份小心力；我們仍有許多愛，我們的生命軌跡不是只有在「成功」與「失敗」，「財富」或者「創業」的數字上定量、定義；人要懂得付出，才代表他生命的圓滿與無憾。

當我們一一詢問「中天青年論壇」的貴賓是否同意將訪談內容付梓印刷，並且捐贈「中華民國骨肉癌關懷協會」時，侯孝賢大聲回答：「好！」郭台銘審慎地逐字校稿，張忠謀及台積電志工社社長張淑芬及志工莊子壽，均毫不猶豫簽了同意書；其中包括了世人認為最「特立獨行」，其實心中一直有著特殊大愛的李敖大師。

台積電董事長夫人張淑芬說：「文茜，愛是透過一點一滴……然後慢慢擴大的。」

人成功了，人性往往就成了「成功」的俘虜；被慾望、名聲、無止盡的身分追求圈禁、禁足了。但人不可能永遠「成功」，成功是一條鋼索，它只是在一個對的力學比重上，兩側鎖頭綁地夠緊的前提下，你平衡僥倖地站在成功鋼索上。如若忘卻其危險，不理解其僥倖，甚至免不了成功時「忘了我是誰」，把自己吹起了大泡泡，「成功」隨時可以將你肢解，撕票。

人「成功」前該累積什麼？這本書籍記載了許多人對自己生命坦誠的回憶，童年的逃難，童年的叛逆，童年母親的身教，創業時的艱辛；必要時停下來，再出發，之後再無所懼（例如林懷民）。

書中特別收錄了中國最有民間影響力的女企業家張欣。她十四歲，經歷了文革，告別了父親，奔至香港投靠媽媽；沒有母愛的渴望，只要求母親給她一個可居留的身分。抵港第二天即當起紡織廠女工，沒和他人比命運，比家世，比衣裳，比親情，比嘆息……一切願望，捲起袖子，當女工，存夠了錢，離開這機械般的人生狀態，勇敢尋夢。終於，工作了五年，毫不遲疑買了一張One Way Ticket，前往倫敦，在鄉下找到半工半讀的機會……，一切靠自己，劍橋大學畢業，沒有時間湊上徐志摩「再見康橋」的文藝詩意，直奔華爾街工作。她的命運一切必須靠自己，所有羅曼蒂克的慢歌、哭劇，都與她無關。關於那一段歲月，回憶起來，張欣只有一段話：「每天賣Fish & Chips，晚上剩下包回家吃，現在再看了，就想吐。」

瞧！生命是多麼可貴的禮物。有人沒有機會長大，留下悲傷的父母在病房裡偷偷哭泣；有人花時間抱怨、虛耗無用之事；有人在小酒館裡學習半導體，成為國際

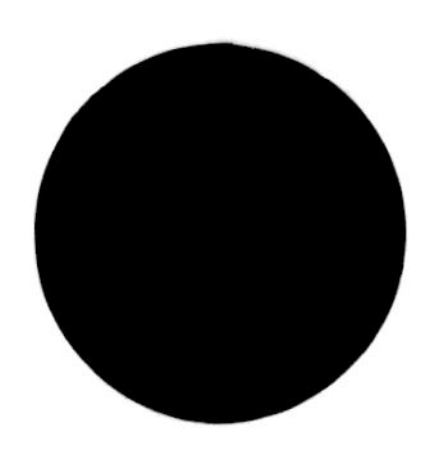

級企業家（張忠謀）；有人走過多年寂寞後，撐下來，盡情揮灑（李敖、李安、侯孝賢）。

與《我相信失敗》上冊不同，這一本《我害怕成功》更多是企業界與藝文界公認的「成功人物」。但他們的人生在成功之前，成功過程中，成功之後……皆充滿了波折。李安是許多人最感動的故事之一，他自小是一個在我們的傳統價值觀中不夠「成功」的例子；但也因此把大半生命蹲在低點，觀察人性的幽微，因而對各種不同類型的人有了特殊的情感，終而表現於他拍攝電影的敍事柔情。紛擾的歲月在每個人物身上都會刻下不同的負荷或啟發，走不出來的是負荷；跨越的是啟發。而耽溺其間的，往往得到的是傲慢後的蒼涼；懂得悲壯學習面對命運挑戰的，「挫折」不過是另一篇「啟示錄」。

生命是一冊繪本，它成為什麼色彩，畫筆在你（妳）自己手中。這是李敖一生追求的態度，絕不向時代投降。

如果一個兒童癌症病房的孩子，都能微笑面對生命倒數，不向生命輕易投降；請在你（妳）的生命畫本上，也畫上最溫柔、謙卑、愛或者勇敢的色彩及圖案。

感謝所有的貴賓、中天電視台、裕隆集團，更感謝所有的工作同仁。

「民主是假的！平等也是假的！可是有一個東西真的，自由是真的！我們可以感覺出來是不是自由。自由有一半在我們心裡面，我們自己可以決定自不自由。」

——李敖

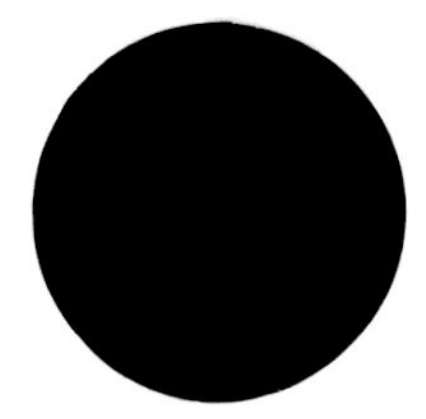

賴岳忠攝影

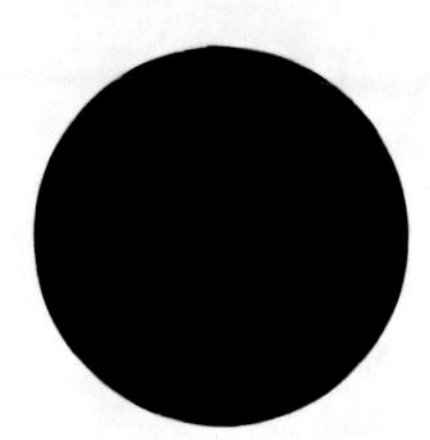

「當我很忘我時，會有很大的力量，而那是上天、公眾給我的力量以及我的天分，所以，我必須相信自己。」

——李安

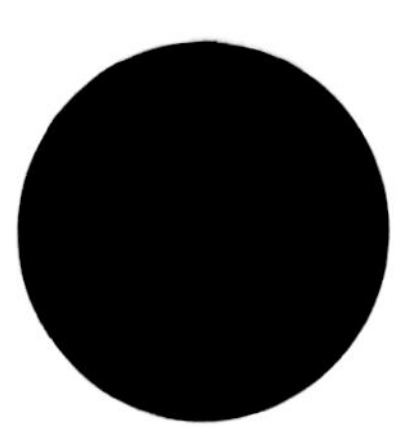

圖片提供・電影委員會／汪德範攝影

「挫折，是可以懷念的記憶。」

——張忠謀

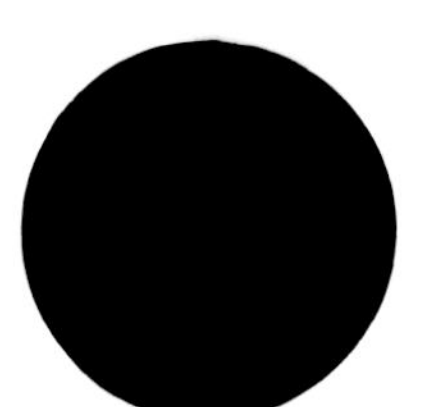

圖片提供・台積電

「我這輩子沒有好的家世背景，也沒有機會到台大或大學念書，在經過很多的人生起伏轉折後，覺得大家一定要抓住現在，勇敢面對未來，尤其在不景氣的現在更是如此。」

——郭台銘

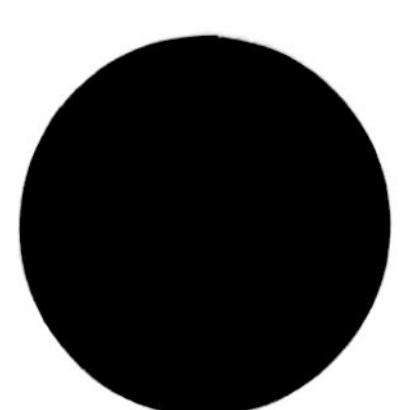

圖片提供 · 鴻海集團

「人生碰到低谷時，

才是你學習最好的時刻。」

——李開復

圖片提供・李開復

「我很知道流水線上女工的心態，總覺得時間老是不走，時間慢得不得了。那時我在工廠一心想尋找出路，離開那個環境，因為離開就好像重生了一樣。」

——張欣

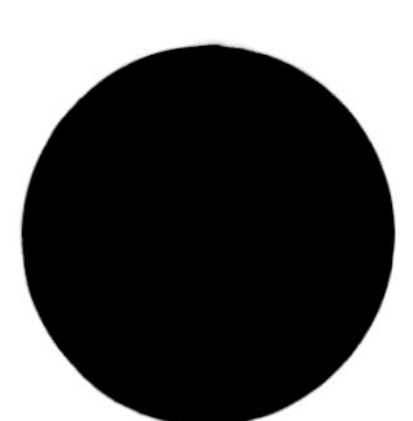

圖片提供．SOHO 中國

「什麼叫成功？你只要覺得今天比昨天快樂，

比昨天更有能力幫助別人，那你就是成功的。」

——柯文昌

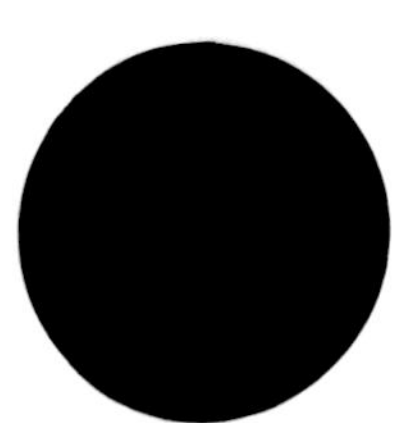

圖片提供・台灣好基金會

「我不覺得要跟一般社會觀念走，我有自己的標準，做不到那個標準，我才是輸家。」

——林懷民

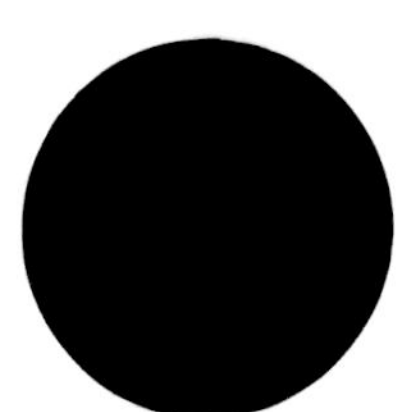

攝影／劉振祥

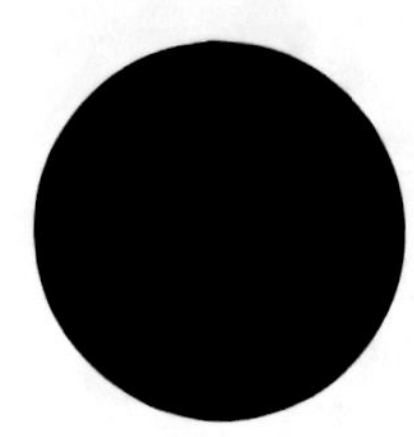

「我沒有因為我先生是誰而改變我自己，

我反而是用他公司的資產來走我更要走的路。」

——張淑芬

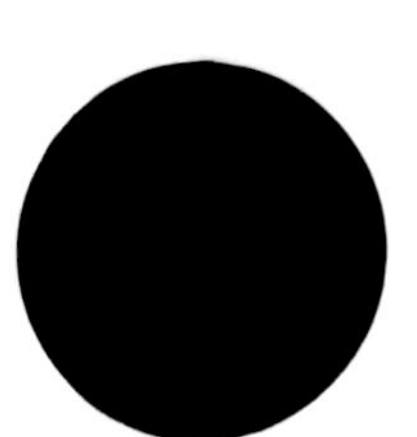

圖片提供・台積電

「如果每個人都深掘自己的根和成長的特別之處，

應該都可以開出不一樣的花朵。」

——姚仁喜

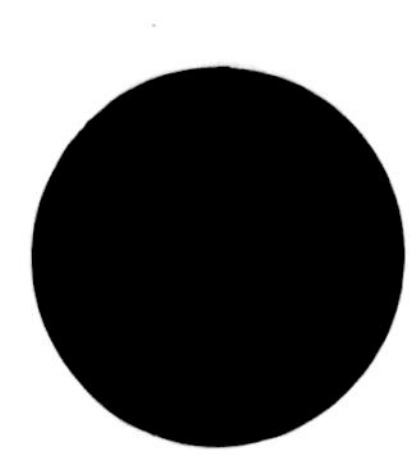

圖片提供 · 姚仁喜｜大元建築工場

「文字其實比你想像的要厲害多了，

從小看小說，你一定會跟別人不一樣！」

——侯孝賢

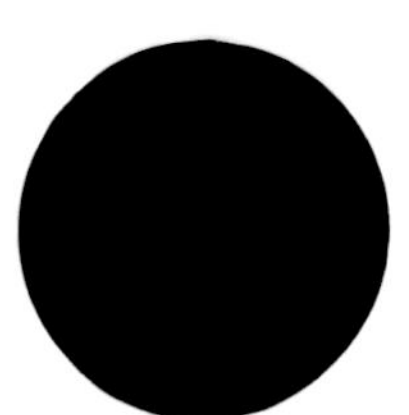

圖片提供・光點影業／劉云志攝影

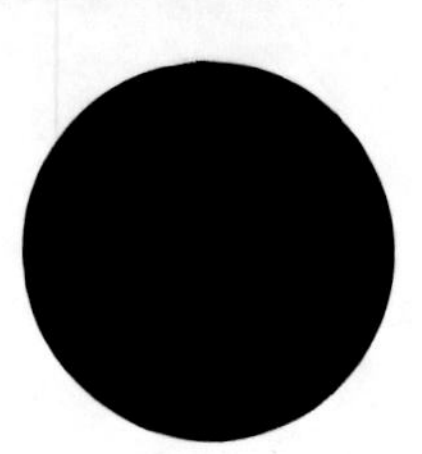

「不要先把目的放在前面，

而是把你的初衷，

永遠放在心裡的某個位置。」

——黃子佼

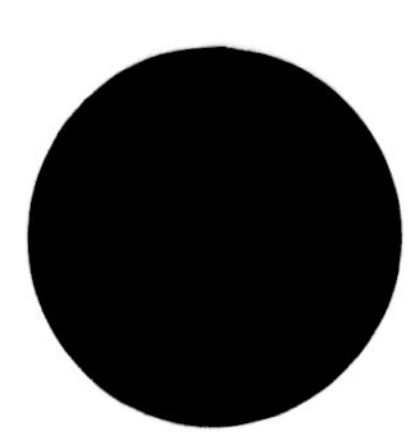

圖片提供・大鵬傳播

「可以把身邊的人都照顧好，

讓愛你的人感到放心，就是成功。」

—— Ella

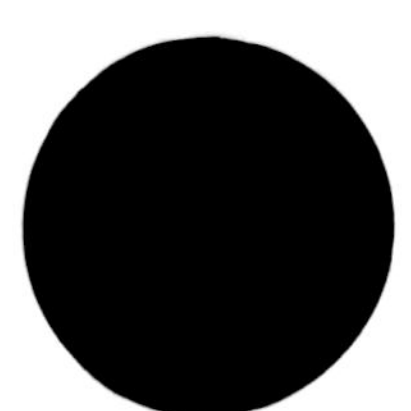

圖片提供・華研國際音樂

目錄

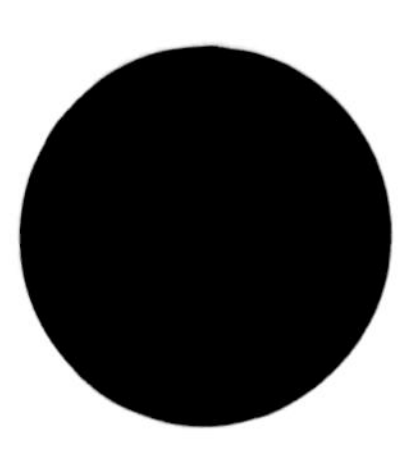

李敖：一個人，對抗一整個時代

□所謂「志士仁人」、「烈士」和「特立獨行的人」，都是人間的一些點綴，都是星星，甚至是慧星。

□我開始吹噓我自己，跟我坐牢有關係。我第一次坐牢，從我開始坐到我出來，在台灣這個鬼島上，連續十四年都沒有「李敖」這兩個字出現，廣播、電視、報紙、雜誌、書，都沒有「李敖」這兩個字，我這樣被封鎖在這個島，所以我告訴大家「要靠自己」，要是靠他們，我要是生氣，早就氣死了。別人都不提我，當然更不敢讚美我，所以我就只好讚美我自己，結果讚美自己一發不可收拾！

□年輕人生活被電腦、手機害的精神上很痛苦。整天看電腦、手機，到了八十歲時，眼睛都瞎掉了，使用這些東西最大的缺點就是：老是跟圖像在走，人的思考能力減退了。你們永遠寫不出像我那麼好的文章，也寫不到陳文茜那種僅次於我的好文章。你們每天好像遊魂一樣，太可憐了！

□我靠大腦，我這大腦是人類最後一個能夠抵抗電腦的大腦，我死了以後就沒有了。

□頭腦是訓練出來的，是講方法的。告訴大家一個好消息，我不是天才，不是很聰明的人，可是我的方法極好。

陳文茜：李敖的才氣是大家看到的，流氓氣和豪氣也是，但我最佩服他的是，他第一次坐牢，是為了彭明敏，彭明敏在那時發表了「台灣自救運動宣言」，當時的內容大概是「台灣人的前途要由台灣人民自己做決定」，裡頭並沒有決定台獨、統一或維持現狀，只有說應該這麼做，結果彭明敏就被軟禁了。李敖和彭明敏的兩個學生，就一起幫彭明敏的忙，讓彭明敏最後在美國的保護下，易裝、易容跑掉了，而他就去坐牢了。彭明敏後來到日本、美國，很多人就把他當成台獨的領導者，到現在為止也還是，而李敖卻是反對台獨的人。

我們都知道什麼叫做「言論自由」，就是我不贊同你的主張，可是我誓死保護你的「言論自由」，以及你可以提出你主張的「言論自由」，這也是「言論自由」的最高精神。而今天只要我跟你的意見不一樣，夫妻都做不成；兄弟都不講話；朋友都可以吵架，但有人可以為了保護和他主張不同的人的「言論自由」去坐牢！我過去認識台灣政壇、文壇這麼多人，都號稱是「自由主義者」，但我只認識一個真正有風骨的「自由主義者」，他的名字叫做李敖。從過去看到今天，有第二個人嗎？完全不可能！而李敖當時一審判決，很有氣魄，請你說一下後面的故事。

李　敖：「軍法審判」的時候我不講話，法官從上面走下來到我的身邊，就問我為什麼不講話？我說耶穌被審判時，也沒有講話。最後判我十年，我沒有上訴，沒上訴的意思就是說：「我接受這個判決。」可是政府覺得很奇怪，因為你跟我討價還價，你要上訴，怎麼又不上訴？檢察官就問我：「為什麼不上訴？」我說：「你們判我十年，要有本領關我十年，你們關不了我十年，判我十年也沒有用！」果然蔣介石死掉了，他一輩子只死一次，我一輩子第一次坐牢，全台灣大減刑，由八年半變成五年八個月，我就出來了。

至於彭明敏當時他提出「台灣自救運動宣言」，一共有四十二條，其中只有兩條是跟台灣獨立有關，一條是說：「我們要進聯合國」，這不算什麼罪狀吧？第二條說：「我們要成立一個新的國家」，其他四十條談的全是「自由民主」，所以他們這個「台灣自救運動宣言」，到了日本被台獨份子改成了「台灣獨立宣言」，但彭明敏否認，所以這個歷史被改寫了。

民進黨一開始時，不是台獨，是許信良做黨主席那時，才有台獨。所有歷史都被改寫了，因為歷史，台獨變成一個很玄的說法，所以大家都「你台獨，我也台獨」，事實上沒有這個東西。

蔣介石到台灣二十六年，騙了我們二十六年，騙我們說要反攻大陸；可是台獨份子騙了我們三十年，沒有人敢台獨，蔡英文敢台獨嗎？蔡英文講了半天，最後到美國卻說：「按照中華民國憲法的結構」，但按這個結構怎麼辦？你是統一份子，怎麼證明統一？因為憲法裡面有統一的字眼，「中華民國憲法」增修條款裡面，第一行就是：「為因應國家統一前之需要……。」為什麼？裡面九次談到自由地區、兩次談到大陸地區，我們的憲法裡談到大陸地區，憲法當然是全中國的憲法，所以蔡英文只要說，她依照憲法確定她的方向，她就是統一份子。

所以，不論從理論上談，還是實質上談，很多東西我不相信，為什麼？好比憲法第五條規定：政府不可以隨便抓你，他如果隨便抓你，你可以拒絕，結果你門一開，站了三、四個大漢請你去，你怎麼拒絕？你還是被他們抓走了，所以憲法是假的！民主也是假的！

我在立法院裡親眼看到，我們彈劾陳水扁時，八十二位立法委員，民進黨的立法委員，站在外面不肯進場，一個人在指揮，像趕鴨子一樣，都不准

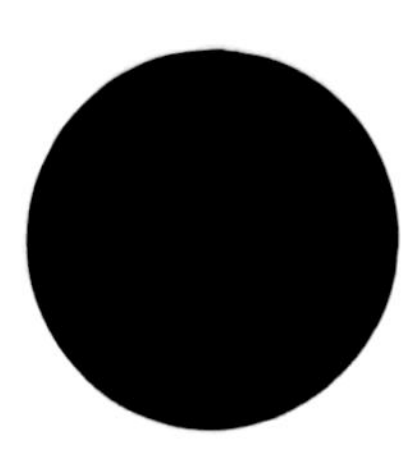

進來，多數國會，如果是民主政治，要比賽投票、要辯論，但根本不辯論，根本不進去，這個民主是假的！所以，民主是假的！平等也是假的！可是有一個東西真的，自由是真的！我們可以感覺出來，是不是自由。自由有一半在我們心裡面，我們自己可以決定自不自由，反求諸己就是自由，「我欲仁，斯仁至矣。」這是一種感覺上的自由，好重要。如果你沒這種感覺，只有看外面，你會覺得好痛苦！

陳文茜：你為什麼會願意替這些人坐牢？那時候坐牢是很可怕的事，你講起來好像根本就不算什麼。

李　敖：因為他要抓我，我躲不掉！過去我們在大陸的時候，「此地不養爺，爺去投八路」，我就到延安去了，跑掉了，但台灣是個島，並且軍事管制，到山裡做隱士都不可能，管得很嚴，要入山證，進不去，所以很容易被抓到。

陳文茜：可是我記得我在黨外時期時，曾經看過一些人牽涉一些事，希望對他們展開救援，那時沒有電腦，要打一封英文信給國際特赦組織，我非常記得某一個人，我寫了一封英文信，但我沒有打字機，拜託他幫我打出來，這個

人在當時是很重要的一位政治人物，那時他跟我說了一句話，他說：「文茜，我不會願意做一件小事，被你們牽涉，然後我去坐牢。」那時是一九八三年，跟你當時要去坐牢時的恐怖氣氛，已經差距很大了，他都尚且懂得如此自保，你那麼精的人，別人抓你就去坐牢嗎？你為什麼會願意被捲入這個案件？

李　敖：因為我有賊底。別人咬你一口就咬到你；「賊咬一口爛三分」，肉就會爛掉，因為你有賊底，政府看你不順眼，本來就要抓你，所以叫別人咬你一口，抓到我。當時純粹是為了自由，沒有什麼太多理由，可是最後給我的罪名是台獨。

陳文茜：現在很多人談言論自由，也有很多年輕人很崇拜鄭南榕，但有誰知道鄭南榕的雜誌是誰出錢辦的？

李　敖：我出錢辦的。

陳文茜：出錢辦鄭南榕的雜誌，就是要維護百分之百的言論自由。有一天，鄭南榕

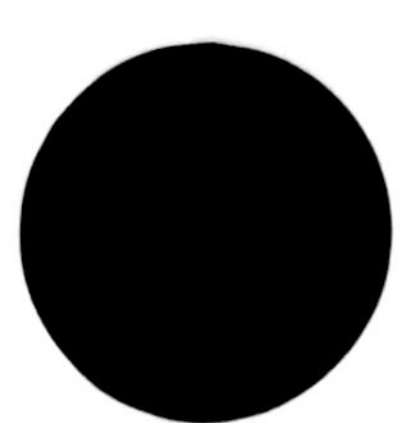

「我雖然好勇鬥狠，可是我從來不鼓勵別人做叛徒，因為做叛徒的代價很大，所謂『志士仁人』、『烈士』和『特立獨行的人』，都是人間的一些點綴，都是星星，甚至是慧星。」（圖片提供・中天電視）

跟我說，他接到了一篇稿子，李敖那時搞了一個殖民地特區，也就是專欄，在裡面寫了一篇「支持中國統一」的文章，鄭南榕說他差點沒昏倒，但鄭南榕自己想了一下，什麼叫做維護百分之百的言論自由？李敖可以出錢給他辦雜誌，他不能讓李敖寫他的政治主張嗎？這是鄭南榕告訴我的事情，而他那時才大吃一驚：「原來李敖是個統派。」到那刻他才認清。

李　敖：他應該知道我是統派，雖然我出獄以後，我的罪名是台獨份子，到今天為止，全台灣只有一個外省人為台獨坐過牢，那個人就是我，並且做了「大官」，五個委員之一，今天他們把我完全忘記了，也不敢提我，我在台灣應該特赦。所以我很感謝文茜，因為文茜對我不離不棄，一直很好，一般人對我敬鬼神而遠之，都很怕我，為什麼？

因為我敲碎了別人的夢。以前台灣的《自由中國》雜誌，雷震辦的，辦了十年，後來坐了十年牢。雷震跟胡適先生抱怨，說：「胡先生，我們《自由中國》雜誌談到了國民黨反攻大陸是不可能的，我們講真話，為什麼大家罵我們？」胡適多麼圓滑，說：「你們講的是真話沒有錯，可是你們拆穿了、敲破了別人的夢，多少人，成千上萬的人自己騙自己，以為可以回

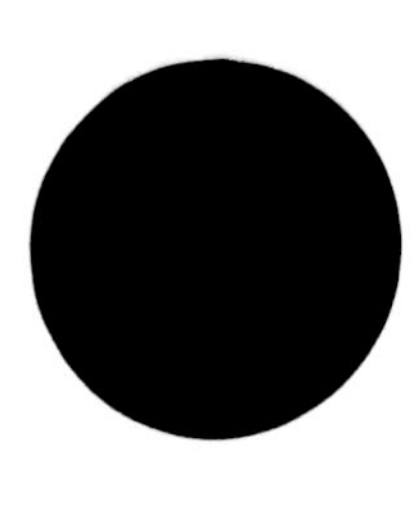

到大陸，結果回不去。」他說反攻大陸是夢，你是敲碎別人的夢，別人都不喜歡你。我在台灣敲碎別人的夢，並且很恐怖的，我一出現，除了陳文茜以外，證明別人都是假的。

我們的一個好朋友，一位外國人，叫做梅心怡（Lynn Miles），他在我被抓前一天還住在我家，因為那時沒人敢跟我來往，美國人的身份保護他，所以可以跟我通風報信，可是後來我就不理他了，為什麼？原因就是他跟假台獨份子整天扯在一起。到今天為止，我很不高興，不喜歡一個外國人在中國糾纏這麼久，英文有個字叫 filibuster，有兩個意思：一個意思就是說，美國人在海外幫人家煽風點火，這種浪人、軍人叫 filibuster；另一個意思就是在議會裡面，不斷揚言請你不要通過，也叫 filibuster，我的朋友梅心怡就是個 filibuster。不過，我還是很感謝他，在白色恐怖時代用他美國人的身分，幫我們通風報信，彭明敏寫信交給我，我就請梅心怡帶著去，很可惜他最後跟這些假台獨份子扯在一起。

台灣沒有台獨，各位放心好了，因為都是假貨，真正的不敢。陳文茜那麼聰明、一表人才，也誤入歧途過，她做過民進黨的宣傳部部長，後來，民

進黨容納不了她，她才華四溢，就離開了。所以，民進黨是一個假的黨，因為沒有台獨，是假的，你們不要操這個心。

陳文茜：我當年進民進黨不到一個月就闖禍，害了我的一個長輩兼好朋友施明德坐牢了二十五年，一夕之間成了「台奸」，所以我一直對他很歉疚。他本來是台獨的神，我剛從美國回來，很了解整個國際的現實，所以施明德要去美國國會演講，問我他該說什麼，我寫下來，他照念：「民進黨執政：不必、也不會宣布台獨。」第二天，我就看到陳水扁的手下，拿了一個白色的布條，在民進黨中央黨部的一樓，而我看到那布條，心裡就有數，我應該離開這裡，那個布條上寫：「台奸滾出中央黨部！施明德台奸！滾出中央黨部！」只因為他在美國說了那句話，後來更不要講，他後來主張「大和解」，和外省人和解。

你說我誤入歧途過，有點低估我，因為我很清楚知道，整個國際政治現實裡，我們現在的現狀是最好的，大家卻在這個時刻選擇不說實話。我要再問你為什麼願意出錢給一個跟你政治主張不同的人辦雜誌？

李　敖：他沒有跟我不同，大家一開始時，宣傳的、爭取的，都是百分之百的言論自由，沒有台獨。幾年以後，鄭南榕才走火入魔，可是他對我沒有辦法，因為我是原始的老闆、出錢的人，也是他的好朋友，所以，後來我跟鄭南榕通了一個長途電話以後，他就死了。他死的真相也被歷史改寫了，大家都以為他是燒死的，不是的，為什麼？

因為鄭南榕宣布要拒捕的時候，很多假的台獨份子在雜誌社裡就變相把他看住，連後悔都來不及，人有時候說了大話以後會改變心意，但那些人就一直二十四小時跟著他，他不能改變，最後警察衝上來時，他就丟了汽油彈。其實真正的原因是：鄭南榕不願意被抓。有的人非常不喜歡坐牢，坐牢對他來說是非常痛苦的事。施明德三次坐牢，第三次只坐一個月，自己都坐不習慣。你們完全不了解，到了監獄裡你才會知道，空間多麼小，時間多麼長。文茜是我的好朋友，她年輕，可是她非常聰明的一個人，不像我們有時候會蠻幹，我收回前面的話，陳文茜沒有誤入歧途，可是會跑得很快。

今天蔡英文有個功勞，她唯一的功勞就是：她是一個投機份子，可是她

把前面那些投機份子全部趕走了。因為真正為爭取自由民主拋頭顱、灑熱血、坐穿牢底、橫屍法場的我們都犧牲掉了。

陳文茜：你後悔嗎？

李　敖：覺得不值得。能去美國最好，可是那時政府已經不讓我走，所以變成一個很委屈的狀態，很不愉快，因為都是假貨。民進黨成立時，陳文茜還介入其中，蔡英文根本在國民黨裡面做官，她是國民黨的官僚，現在忽然搖身一變，把這些人全部都趕走了，歷史全部改寫了，對我敬而遠之，沒我這個人。

我在立法院時，坐在牆角，四顧無人，蔡英文走過來說：「李大師，我們好佩服你。」講完話後就跑掉了，都是這樣子的。他們是新一代的投機份子，投了前一代投機份子的那個「機」，那些投機份子最典型的就是美麗島的律師群：謝長廷、蘇貞昌，難聽的話講給大家聽，施明德最近來看陳文茜時，講到一個真相，說調查局檔案資料顯示當時辯護律師很多是國民黨的「抓耙子」，民進黨這些大老們大部分都是「抓耙子」。民進黨第一任

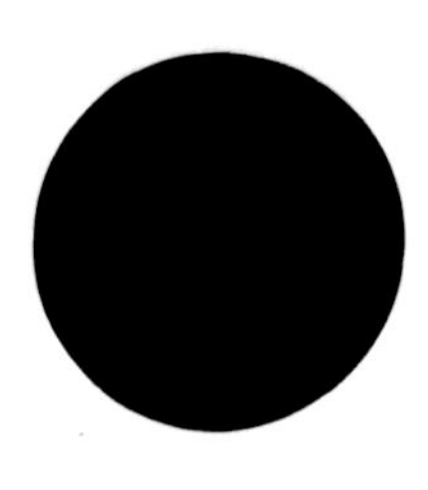

黨主席江鵬堅到我家跟我聊「抓耙子」，他自己也曾是調查局成員，他告訴我，當時請陳水扁替黃信介辯護時，陳水扁要律師費。所以，今天把他們描寫成多麼偉大、多麼仗義執言，統統狗屁！

我是唯一一個活口，能夠看到這些事情，把它寫出來，變成很快樂的人。我現在八十歲了，我的老朋友、《自由中國》的總編輯殷海光，四十九歲就死掉了，因為胃癌，得胃癌的原因很多，其中一個就是精神不愉快、想不開，殷海光在吃飯時，忽然想起蔣介石，筷子一摔就站起來罵蔣介石，罵了半天，飯也不能吃，後來得了胃癌死掉了，他的敵人蔣介石卻活了八十九歲，殷海光反而只活了四十九歲，你輸了，你敵人活得比你久。

陳文茜：所以你準備活到幾歲？

李　敖：我只要活一〇六歲，為什麼是一〇六？因為蔣介石的老婆宋美齡活到一〇六歲，所以我也活到一〇六歲。大家要向我學習的只有一點，就是我為什麼變得這麼快樂、不生悶氣，因為生悶氣的結果都死在四十九歲。美國女詩人緹絲荳（Sara Teasdale）是四十九歲自殺死掉，都過不了這關，所以

我跟殷海光說：「你是哲學家，怎麼可以得胃癌死掉？」你可以生病，可以病死，可是不能生胃癌這個病，你想不開，哲學沒有學通，就像神父得了梅毒死掉，神父怎麼可以得這個病？「斯人也，不可以有斯疾也。」我李敖會死掉，可是絕不會得胃癌死掉，可以先向各位預告。

陳文茜：你為你的信念做了非常多的事情，不管是你喜歡拆穿真相，還是在戒嚴的時代，你完全被打壓。我最佩服李敖的一件事情就是：他一個人對抗整個時代，所有的人都想要打壓他、消滅他。以前穿怪長袍，有錢買西裝還不買西裝，老穿怪夾克，搞得唐從聖模仿他，容易得不得了，然後這輩子永遠穿同一套衣服。

你開始在台灣電視界創造傳奇是六十歲，比我現在還要老，然後一路風光非常久，現在才開始抱怨。我想請問你，這麼久以來，你用什麼方法讓自己活得很開心？不覺得這個時代壓迫你？你靠自己就可以了？我覺得這對很多年輕人，或是鼓勵一個有獨立思考的人很重要，因為大多數的人，想做獨立思考者，害怕的原因就是因為獨立思考者是要付代價，以前的代價可能要去坐牢，現在是可能會被別人洗版、網路霸凌！你為什麼都不怕這

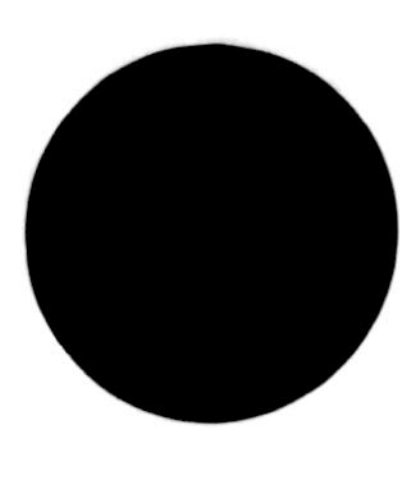

些事?是因為遺傳你媽媽的怪胎嗎?

李　敖:不是。我雖然好勇鬥狠,可是我從來不鼓勵別人做叛徒,因為做叛徒的代價很大,我認為自己玩可以,鼓勵別人不必。我現在愈老愈感覺到這一點,所謂「志士仁人」、「烈士」和「特立獨行的人」,都是人間的一些點綴,都是星星,甚至是慧星。真的人不能這樣做,有人這樣做了,好比文天祥,四十六歲就被殺掉了,可是文天祥的弟弟做了元朝廣東省惠州市的市長,兒子也投降了,全家都投降了,但他自己殉國了。他知道打不過元朝人,可是覺得自己不能活,非死不可,死在一個信仰裡。很多人就為了一個信仰在活,現在看起來,「殺生成仁」不一定有道理,那麼不「殺生成仁」,在太平世界好不好?像現在的年輕人沒有機會了,我們那時可以混水摸魚,好比政府不讓我走,我就在台灣買房子,發了財,因為國民黨不實行三民主義的「民生主義」,漲價沒有歸公,所以錢我賺到了。

我們可以看到現在年輕人不是不努力,而是努力都沒有機會,所以我勸你們,不要做文天祥,也不要做李敖,做陳文茜有沒有機會?你們看陳文茜漂漂亮亮,養狗都專門有人替她養;她有有錢的媽媽,有兩個有錢的舅

舅，自己也很會賺錢，所以，她一輩子過著好日子，至少不像我們生命這麼悲慘，所以不一樣，因為沒有這個好機會，你們可以調查爸媽的財產，看有多少錢可以給你們，調查清楚以後，跟爸爸媽媽商量：「不要等你們死後才給我，現在就給我。」爸媽沒有錢怎麼辦？你就死心塌地做個「月光族」，過小日子。沒有錢，人生要看開一點，去學釣魚，看破紅塵，過一個清淡的、寡慾的生活。

陳文茜：我會把你的話轉告你的兒女，叫你趕快掏出錢來。外界不知李敖有個優點，非常體貼朋友。我的一隻老狗叫做「Baby Buddha」，是我從二十六歲開始養的，所以走的時候完全就像一個人。牠是我從兩個月比我手掌還要小開始養的，也是第一隻自己從小每天餵牠奶的狗。那隻狗死的時候，李敖到我家來，拿出厚厚一疊錢，十萬塊台幣，說：「不要哭了，沒什麼好哭的，這裡是錢！」我一直哭，我的狗早上十點十分死，他下午五、六點來看我，死了都沒十二個小時，就告訴我：「我們立刻去買一隻狗！」

李　敖：這是我的生活方式和人生觀。我的人生觀是當一個蘋果你吃不到的時候，不要寫日記、不要譴責蘋果、也不要緬懷跟蘋果友好的美好回憶，丟掉蘋

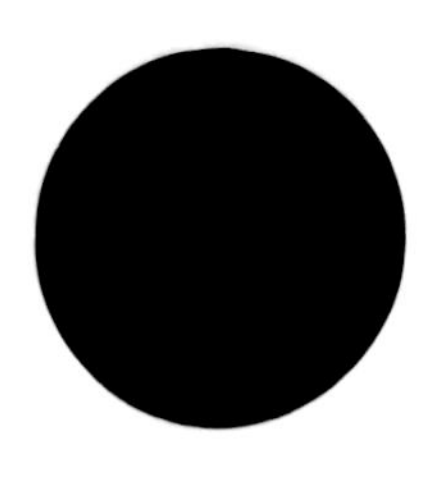

果，去買香蕉，這才是人生。我們過去修養的方法是錯誤的，往往失戀以後拚命寫日記，勉勵自己、譴責朋友，寫好日記以後很滿足，但第二天完全忘記了，又開始痛苦，所以寫日記沒有用。不要用內省的方法，立刻去找別的女人，要了解這個過程請看我的《李敖風流自傳》。

陳文茜：有一天如果你走了，小你三十歲的太太很傷心，我若還活著，會帶她立刻去找「新蘋果」和「香蕉」。你每一次出書，前面都寫一篇「李敖自頌詞」，覺得你最了不起，當然最有名的一句就是「五百年來白話文第一名」，雖然白話文根本沒有五百年，再來寫了一大堆「自頌詞」，你是什麼時候開始這樣自吹自擂？而且很高興，因為我看你二十幾歲不是這樣，有人說你是坐牢坐瘋了，是真的嗎？

李　敖：我開始吹噓我自己，跟我坐牢有關係。我第一次坐牢，從我開始坐到我出來，在台灣這個鬼島上，連續十四年都沒有「李敖」這兩個字出現，廣播、電視、報紙、雜誌、書，都沒有「李敖」這兩個字，我這樣被封鎖在這個島，所以我告訴大家「要靠自己」，要是靠他們，我要是生氣的話，早就氣死了，沒有變成「殷海光第二」就是因為我比較想得開。

陳文茜：所以你就開始「自頌詞」的風格？

李　敖：因為別人都不提我，當然更不敢讚美我，所以我就只好讚美我自己，結果讚美自己一發不可收拾！

陳文茜：你為什麼會認為現在的年輕人精神上很痛苦？

李　敖：主要原因是年輕人生活被電腦、手機害的精神上很痛苦。第一是害了年輕人整天看電腦、手機，到了八十歲的時候，你們就會跟我一樣，眼睛都瞎掉了，那些是多麼傷眼睛和糟糕的東西。還有使用這些東西最大的缺點就是：老是跟圖像在走，人的思考能力減退了。你們永遠寫不出像我那麼好的文章，也寫不到陳文茜那種僅次於我的好文章。你們每天會好像遊魂一樣，太可憐了！我在大陸寫新浪網，每天發一篇，我也買了一台 iPad，但我只會一個功能，就是寫字，打字打出去，別的不會，所以我對不起它，因為 iPad 的功能幾百種，我只會一種，我完全跟不上，並且痛恨、討厭它，因為我現在老化了，寫東西躺在床上寫，還是要靠筆桿，不可能用打的，所以我不喜歡現代文明。

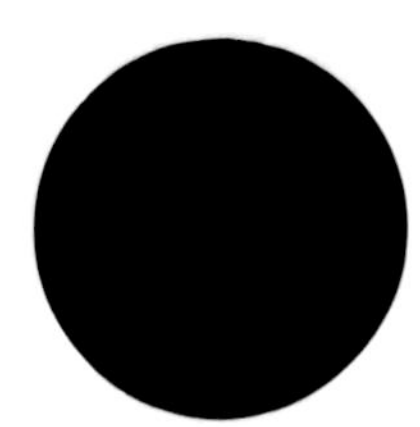

「民主是假的！平等也是假的！可是有一個東西真的，自由是真的！自由有一半在我們心裡面，我們自己可以決定自不自由，反求諸己就是自由。」（圖片提供．中天電視）

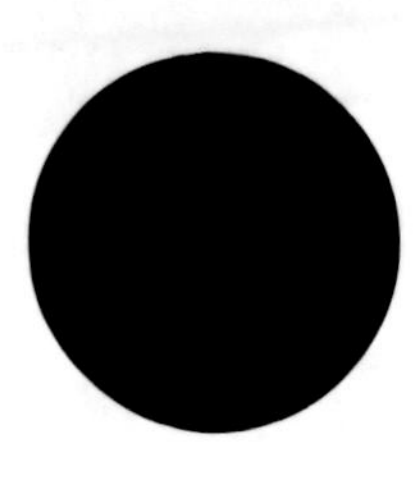

年輕人感覺上沒有前途，因為年輕人最大的缺點就是「張三跟李四、王五一模一樣」，大家的想法、看法、知識吸收的方法都一樣，只是化妝有點不同而已，可是跟著流行，還是一樣，我就挖苦你說：「時裝是不能穿的，因為時裝就是有名的設計師設計的，可是設計師一半都是gay。」這批人根本恨女人，所以就亂設計，女人不知道就穿，你很會穿衣服，可是有時衣服不好看。我已經不靠臉蛋混，我靠大腦，我這大腦是人類最後一個能夠抵抗電腦的大腦，我死了以後就沒有了。

陳文茜：你覺得年輕人很可憐，除了他們使用電腦之外，也說現在的年輕人，張三、李四、王五都差不多，那你到底為什麼覺得他們應該去騙爸媽的錢？

李　敖：除非你爸媽有多少錢你能夠掌握，否則你就安心立命、聽天由命，知道這輩子發不了財。年輕人也會調整，每個月錢花光，所以很多咖啡店裡、餐館裡，有很多年輕人。我給大家一個建議，就是看我的文章，雖然我有很多不好的偏見，可是我的文字非常好，中文技巧非常好，我勸大家好好把中文學好，為什麼？外國人把中文搞得很糟糕，現在這種電腦輸入法，有很多詞庫，把很多句子搞得很糟糕，年輕人學火星文，很糟糕，所以我希

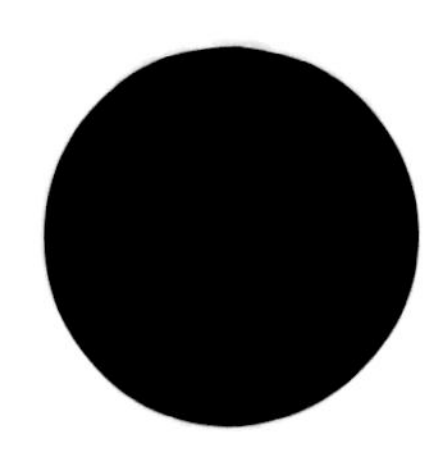

望大家把中文寫得好一點。你寫了一手好文章，雖然沒有我好，但還是非常好的文章。

陳文茜：你最重要的著作《北京法源寺》，是幾歲時寫出來的？從坐牢、三十幾歲就開始構思，你幾歲寫完《北京法源寺》？

李　敖：就在你這個年紀，五十六歲。

陳文茜：我現在五十七了，大你那時一歲，所以你比我早一點，但是你當時也沒有立刻完成。

李　敖：基本上世界文學名著都是寫得很慢的。

（二〇一五年六月二十五日）

青年提問

提問 李大師你怎麼樣給我們現在這一輩的年輕人一些新思維？從您八十歲老人家的手中傳承思想？

李敖：我要勸告大家，過一般人的生活，隨波逐流也是一種快樂。我的一個好朋友，他的媽媽是文盲（陳依玫的祖母），她從大陸到台灣時，把她丈夫的墳掘開，把骨頭撿起來包在一起，抱到了台灣。她不認識字，可是有一種情感，就是逃難，死也要死在一起。這個例子就是告訴大家，她有一個信仰，她臨死時，笑嘻嘻的說：「上帝來接我，主來接我，我跟祂們走了。」如果你能活得這樣快樂，相信這個上帝，我就贊成你跟祂走。

現在我們做不到，我們智慧忽然開了，不相信那些東西，你就要面對這些事情。如果你跟大家過一樣的生活，能過小日子一輩子我也贊成。如果你就要做我，這條路很難，文天祥、史可法都是這一類人，都是神經病，我

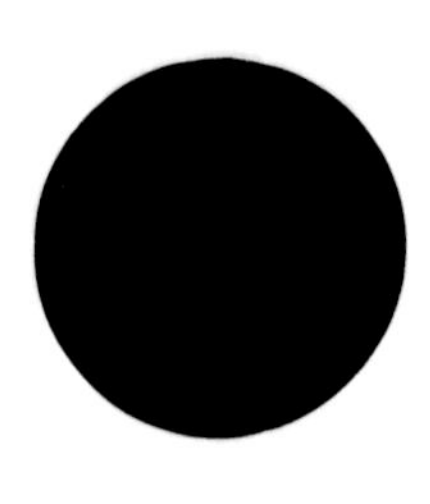

是運氣好的，並且我笑嘻嘻的，沒有得胃癌。但這是一條悲慘的路，可是在這個世界裡沒有結果，為什麼？沒有力量，為什麼？因為個人力量太渺小了！過去項羽、劉邦反對秦始皇，他的武器和秦始皇的御林軍一樣，他有一把刀，我也有一把刀；他有一把槍，我也有一把槍，我沒有你的好，可是我可以跟你打，但現在完全不可能。過去你坦克車開來，我拿一瓶汽油彈塞下去，現在就是用坦克車，汽油彈也塞不下去了。

提問：請問要成為一個獨立思考的人，應該具備什麼樣的條件？

李敖：兩個方法：一個就是盡量少看、少用網路；第二，要開始穿長袍。

提問：你們說不喜歡用網路，你們的大腦都在跟網路對抗，可是你們都有粉絲專頁，一個是「哈囉李敖」，一個是「文茜的世界周報」，如果你們建議我們不要碰網路，那我們怎麼看你們新的動態？因為我的 Facebook 都將你們的動態設定為馬上通知，你們的陰魂都不散在我的生活周遭！

李敖：我用個例子跟你講，為什麼大陸的「共匪」查禁法輪功？為何說它是邪

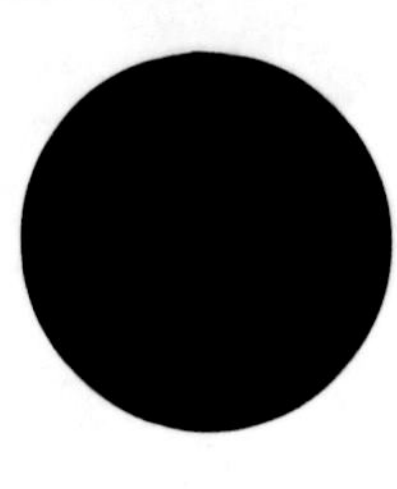

教？中國古代從漢朝的黃金賊，到清朝的白蓮教，甚至太平天國，都被稱為邪教，當時是邪教的傳播能力太弱了，口耳相傳，不像手機這麼厲害，手機「同志間一號召」，就可以聽陳文茜和李敖的講演，這個傳播能力太強了，使任何統治者都害怕，所以，這個傳播能力好和不好不敢講，因為它可能傳播了邪教，或者一窩蜂，所以，我勸你還是寧可不要聽李敖的演講，也要小心使用這些恐怖的媒體比較好。

提問　在大陸青年學子的政治考試中，始終有一題就是：「人類發展的終極訴求，不是公平正義，也不是民主法治，而是人與自然的和諧相處。」我想請問李敖先生，您認為對於台灣的青年來說，未來發展的終極訴求是否存在？如果存在，又是什麼？

李　敖：我認為在台灣的年輕朋友應該承認一個現實，就是「台灣在沒落了」，台灣不能夠在工業上面跟別人競爭，譬如說郭台銘，他幫美國人做代工，是台灣最有錢的人之一，他賺多少錢？賺美國人的五十分之一，他代工的老闆蘋果公司賺他的五十倍，賺得更多，整個企業化都固定了，所以台灣沒有機會賺錢。

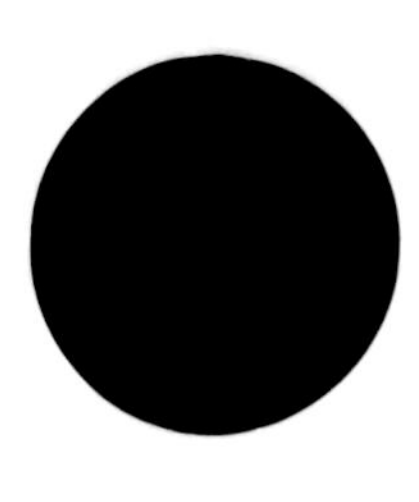

我認為台灣應該回到愈原始愈好，做什麼呢？走觀光的路線，但台灣可以觀光嗎？台灣可以觀光。因為新加坡都可以觀光，新加坡那個鬼地方觀光業排名全球第十一名，台灣排名第三十二名，所以台灣也可以觀光，大家要從此洗心革面，我們一個小地方不要再好高騖遠。

我十五年前參加過總統選舉，我是第一個主張「一國兩制」的人，但今天我不贊成我十五年前的方法了，為什麼？不是我變了，而是台灣跟共產黨談判沒有籌碼了！台灣十五年前，我的一個老敵人，做過教育部長，也做過中央黨部的祕書長陳立夫，很有眼光，最後他聯合三十四個國民黨的老賊，建議李登輝拿出一百億美金去投資大陸，那時共產黨沒有錢，一百億美金如果能夠卡位就卡住了，可是現在我們失掉這個機會了，再也卡不住了，所以我們跟共產黨談判賺不到便宜。

根據季辛吉寫的《中國論》，當中公布季辛吉跟毛澤東四十年前的一個談話、紀錄稿。毛澤東很感慨的說：「台灣只不過是一個一千萬人口的小島，都是反動份子，我們不要理他，我們願意等一百年才去收拾他！」這是四十年前的話；換句話說，我們還有六十年好活，所以，我們要用這六十年

過一個小國寡民的日子，就是要承認現實。

而根據憲法第一百三十七條「國防之經費以制度訂之」，沒有說「國防部之經費」，「國防之經費」意思就是說「我們不要國防部了，把台灣的錢又省下來」，我們為什麼要六十五歲退休？六十五歲退休是跟美國人學的，可是當時美國公布這個退休法時，男人的平均年齡是六十五歲，換句話說要做到死為止。現在年輕人年紀輕輕退休了，尤其軍人，那麼能幹，退休了，整天拿這麼多的退休俸，把台灣經濟拖垮了，所以，我認為要解散國防部，不向美國人買武器。

我們應該正式承認台灣這個小地方，在裡面安安穩穩的活六十年，六十年以後怎麼辦？六十年以後我們做「拿破崙」，其實拿破崙根本不是法國人！他是地中海一個小島——科西嘉人，他的爸媽都是科獨份子，主張科西嘉獨立，可是那時候科西嘉小島屬於義大利熱那亞共和國。義大利的熱那亞共和國不勝其煩，於是賣給一個更強的國家——法國，從此科西嘉屬於法國。拿破崙的爸媽革命失敗了，這時生下拿破崙，希望拿破崙是個科獨份子，繼承他們科獨的遺志。拿破崙後來到法國留學、學砲兵，才發現為什麼我要做科學家？為什麼我要做蔡英文？我不要做蔡英文，我要做法國的國王，所以拿破崙變成了法國的國王，不但統治了法國，也統治了科西嘉。

台灣人要有這個氣魄，我們有六十年的機會跟北京去賭一賭，也許我們會竄起來，做為中國的統治者，不要以為是開玩笑，江澤民曾公開說，國家的第二號人物，就是副主席給台灣人做，我們做了副主席，就很容易做主席了。六十年以後也許我們就是拿破崙，統治整個中國。台灣人要有志氣，不要這麼沒出息。

像我所崇拜的一個人叫郭國基，七十二歲死在立法院，他被陳誠關起來的時候，帶了六斤半的腳鐐，說他是台獨份子，後來放出來以後，郭國基跟陳誠說：「你們外省人太小看我們台灣人，以為我們不要大陸了？不要搞錯，大陸是你們的，也是我們的；大陸是你們的祖先，跟我們的祖先是共同財產。」今天台灣人太沒出息了，說：「他們是中國，我們是台灣」，所以，我希望我們有六十年的機會來休養生息，培養做「拿破崙」的機會。

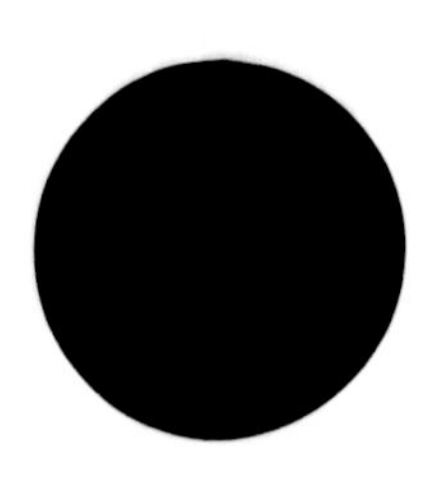

陳文茜：沒有電腦的你，如何找資料？如何整理資料？如何建立你的資料庫？走進

你那個房間，簡直是浩瀚如海，打開書，這裡也缺一頁，那裡也少一角，都被你剪下來，但是你要找資料時，你哪個檔案可以找出來，精明無比。我想現在很多人在網路上，可以把資料直接貼下來，但是，他還是需要把資料輸入電腦，再分類，可否談一下你致學上的能力？

李　敖：我最後把我這個絕活教給你們，文茜勸我們要學英文，但英文好沒有用，每天看書也沒有用，為什麼？先要頭腦好才有用，而頭腦是訓練出來的，是講方法的。告訴大家一個好消息，我不是天才，不是很聰明的人，可是我的方法極好，我在台灣大學念歷史系，一般人看二十五史，要三年到四年的時間，所以歷史家都沒有年輕的，因為他看很多書。可是我只花一天時間，只看一遍就好了。為什麼？我的方法好，我一把剪刀，書看完了，把不要的剪掉、丟掉了，當場決定殺不殺它，然後我會分類資料，分類以後，用方法記住，要串聯，什麼叫串聯？就是把相關資料全都背下來，還要複習。

中國一個有名的人叫顧炎武，明末清初的人，他老的時候，前後左右都有一個人念《史記》、前漢的書給他聽，他小時候都念過，也背過，可是老

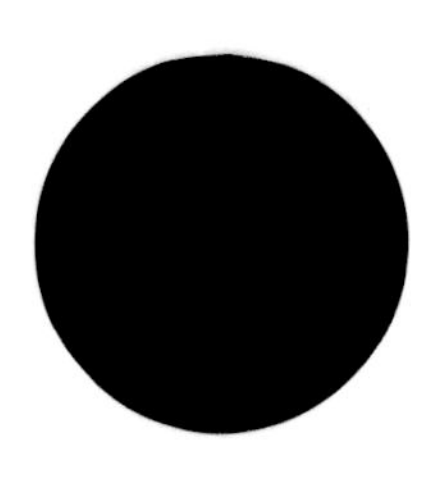

了以後怕忘記，請別人幫他複習。我沒有人幫我念書，就自己念，很多數字、人名我都會複習。所以，你看我剛才說，憲法第一百三十七條「國防的經費」不是國防部的經費，我們可以廢掉國防部；還有憲法第五條，抓人的時候你可以拒絕，都是我的數字。

你若問我：「台灣多少政治犯？」我立刻告訴你：「29407件。」「台灣多少高壓電線塔？」「18407」，1800個407什麼意思呢？記這高壓電塔要幹什麼？因為如果共產黨「東風五號飛彈」打過來，打掉一個電塔，台灣就亂掉了，他根本不要打你，更不要殺人，一個電塔就毀掉你。還有，全台灣到處馬桶都不通了，水也沒了，大便沖不掉，大家都亂掉！所以我們學什麼？都是活著學，變成串聯的知識。好比說，你問我漢朝的皇帝，我可以告訴你：高帝、惠帝、文帝、景帝、武帝、昭帝、宣帝、文帝、成帝、孺子嬰亡、光武帝、明帝、章帝、和帝、殤帝、安帝、順帝、沖帝、質帝、桓帝、靈帝、獻帝，獻帝以後就三國，我頭腦這麼好、這麼靈活，八十老翁還這麼了不起，是方法好，不是靠聰明，靠方法。

陳文茜：其實在年輕人身上，這個就叫做大數據！在你們的年代就是大數據。李敖

本身就是大數據，但是他還是會忘記，以後大數據卻不會忘記。

李　敖：我不會忘記，但你們現在學的很多是不該學的，因為電腦很多垃圾跟著進來。

李敖

思想、文風自成一家，有「中國近代最傑出的批評家」之美譽。

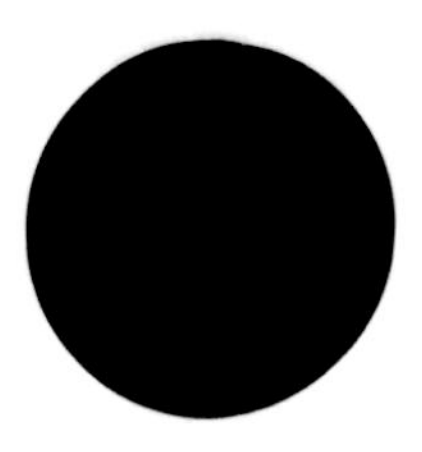

李安：脆弱教會我的事

□與其說我的成功是從脆弱開始，不如說我很勇敢面對我的脆弱！我不在乎把它拿出來，也因為從事藝術的我有這種真誠，所以才會動人！我因為自己脆弱，所以很能同情別人的脆弱。

□其實在拍「理性與感性」那部電影時，我一個英文句子都還講不全，但手上卻有英國最好的文學作品、卡司，包括皇家莎士比亞劇團、劍橋、牛津畢業最頂尖的人，平常都不可能講上話，可是我因此更注意他們的表情，也把它拍出來，還提名七項奧斯卡，事情就這樣一直發生。

□自信有兩方面，一個是天生的，這個我比較少；另一個是外來給的肯定，當大家給你的肯定多了，你自然就會產生「自己也不錯」的樣子，有一種自信心。

□我剛到美國時當然很害怕，比剛進台南的小學還害怕，因為語言不通。其實前兩年我都是半猜半聽，吸收非常有限，後來我的視覺能力變得比較強，而我又很會猜英國人、德國人、黑人、白人怎麼想，也都猜中。所以，為什麼有人說我各種電影都可以拍，其實跟我很會猜有關。

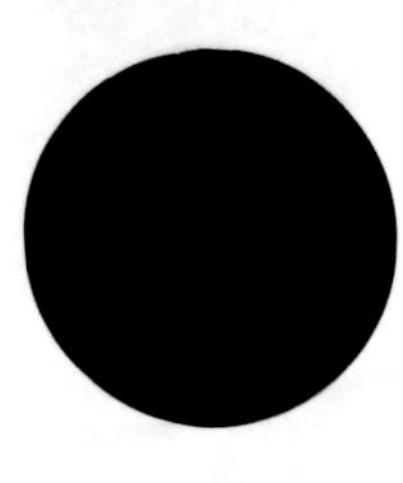

陳文茜：中國男人通常不談自己的脆弱，但李安認為很多脆弱時刻，讓他找到了力量，看見了某些溫暖。他把自己放得非常低，有一種中國文明裡特殊的謙虛，以及任何文明裡都欠缺的包容、忍耐和脆弱。在脆和弱的不同概念裡，他提示了每個不同生命所面臨的難題，變成了最會說別人故事的人，某種程度也將自己的人生故事處理的極好。為什麼你覺得脆弱對你那麼重要？

李　安：大家看到我都是風光的一面，當然我也想表現風光的一面，尤其是在台上時，因為我發覺不僅能給大家很多鼓勵，也能給社會正面能量，不光是我自己好面子。事實上，我經過很多失敗，脆弱是我的本質，但不曉得為什麼我用戲劇的方式反而表現了我的強項，成為一個成功的示範。

與其說我的成功是從脆弱開始，不如說我很勇敢面對我的脆弱！我不在乎把它拿出來，也因為從事藝術的我有這種真誠，所以才會動人！我因為自己脆弱，所以很能同情別人的脆弱。而戲劇是檢驗人性、哪壺不開提哪壺的藝術，強的東西不太容易動人，你脆弱時，大家就會替你著急，幫你演戲，而這時是最動人的。我常跟演員說：「如果你表現這麼多，根本就不

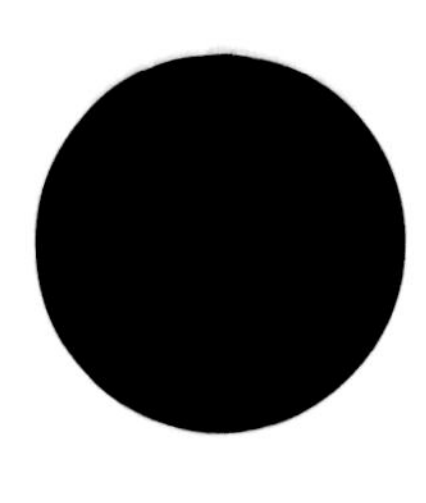

需要同情，你的作用是讓別人幫你著急，幫你演戲，因為你再怎麼演，也沒有觀眾的腦筋演得好。」同樣的道理，我想我很受大家喜歡，可能跟我的樣子不是很強硬有很大的關係。

我小時候是個非常瘦弱、容易害怕、容易哭的人，從小碰到什麼事都要哭，一年級時，我每天至少要哭一次，很容易被東西嚇哭，是很沒有用的一個人。看電影如果是哭戲，我會哭到整個戲院都在笑說：「你看，那個小朋友哭得好好玩！」而我還是停不住抽泣。小時候，我就對很多事很有同情心，但也因為我很瘦小，所以常常很害怕。我在花蓮師範附小時，有我怕的事情；到了台南也因為我不會講台灣話，而且台南公園國小又是大學校，在這樣一個本省的陌生環境，我常常很害怕。

初中成長期，我個子特別小，初一大概是一百三十幾公分，高中才過了一百六十公分。到了高中更糟糕，我父親是校長，但我還是很害怕，不曉得在怕什麼，書也念得不是很好，本心是個很脆弱、很乖的小孩，從來不敢反抗。不過，也不知道為什麼到了四十多歲以後，我竟拍一些別人不敢拍的東西，就是很喜歡！上手一個片子以後，才發覺很可怕，而我就是每天

把該做的工作做好。

電影有兩件事對我來說很奇怪，第一，電影對我很簡單，不知道為什麼別人做得那麼吃力，像我在電影學校時，不太會講英文，但不曉得為什麼我一做電影，大家都會聽我的話。學校畢業以後，有一部台視電視劇願意讓我去打燈，不管我是打燈、打雜，或是在紐約拍片，從早上開始到下午，我就變成導演，每個人都聽我的。

而且我的脾氣很好，很少發脾氣，很認真做我的事，不太能夠罵人，因為大家都拚命給我想要的東西！我遇到很多感人的故事，甚至有五代、二十年不講話的家庭聚合起來一起幫我，這種事情一再的發生。台中市、台北市也很幫我，我在台中時，每個人都在看我要什麼。我的職業很奇怪，大家每天都會來問：「你要什麼？」無形中，我做出一些大家覺得很不可思議的成績。

其實在拍「理性與感性」那部電影時，我一個英文句子都還講不全，但手上卻有英國最好的文學作品、卡司，包括皇家莎士比亞劇團、劍橋、牛津

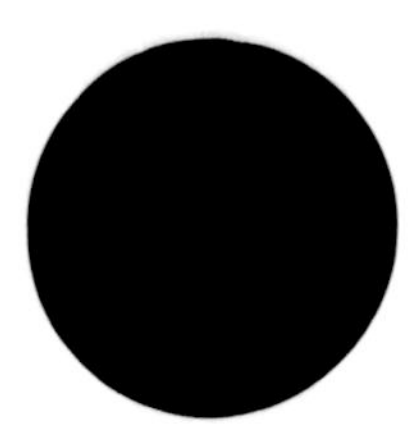

「與其說我的成功是從脆弱開始，不如說我很勇敢面對我的脆弱！我不在乎把它拿出來，也因為從事藝術的我有這種真誠，所以才會動人！」（圖片提供．電影委員會／汪德範攝影）

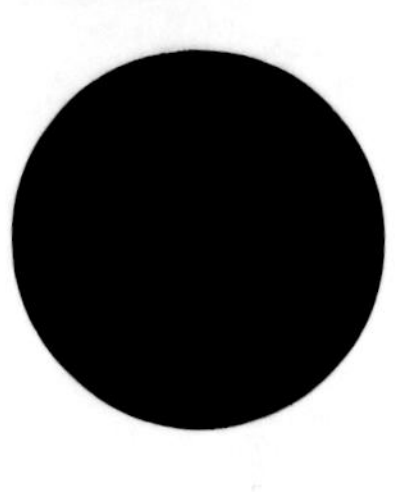

畢業最頂尖的人，平常都不可能講上話，可是我也因此更注意他們的表情，也把它拍出來，還提名七項奧斯卡，事情就這樣一直發生。我常常拍完以後，有一種不可承受之重的感覺，所以，我的人生其實很矛盾，但後來我也認命了，覺得你們喜歡就喜歡吧！

陳文茜：這句話突然感覺有一點驕傲？（現場一片笑聲）

李　安：因為太多的謙虛看起來會有虛偽的感覺。不過，謙虛是我的本性，不是我做出來的，有時我要很體面，因為想為台灣、亞洲人爭面子，這樣就能壯大自己的勇氣，不斷給自己不同的理由讓自己體面一點。其實我的本性跟媽媽很像，是個很依賴人、脆弱、害怕的小孩，也很像台灣人的個性。有些台灣人從小到大都在輸的環境、害怕的狀況下長大，內心很脆弱，長大以後，也不是說要強硬，而是你的真誠不光是面對自己的脆弱，有時膽氣壯一點也是真誠的一部分，我盡量訓練自己，不要那麼怕。我有挫折的地方，也有做作的地方，就是你們覺得我還不錯的樣子，那些其實是我做出來的，因為我本性其實是害怕、喜歡躲起來的人。我想我也不謙虛，我拍電影好像還不錯！

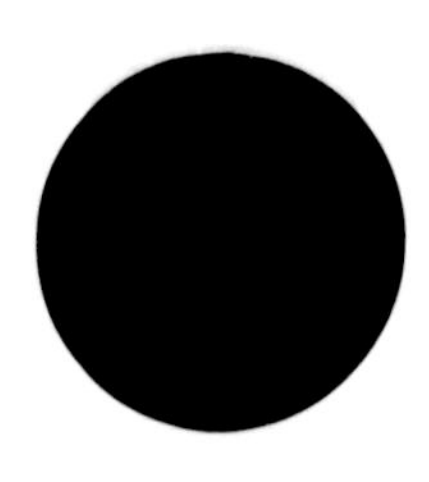

我一直拍到「斷背山」，我的第九部片子，才覺得其實我還滿不錯的，一下子就可以把事情處理掉，還挺會拍片。我一直拍到第八、九部才有這種感覺，前面都是在很害怕的環境，可是後來就變成必須要學我很怕的東西，不然好像就不夠真誠，後來也有這種心情在裡面。不過，那是一種反求諸己，必須要真誠面對害怕的事情。但拍電影應該要有新鮮感，就像瑪丹娜唱的「Like a virgin」，也就是「每一次都是第一次做」的那種感覺。

陳文茜：你從小在台灣長大，很愛哭，一直都是輸的感覺，通常這樣的孩子到了美國，那個輸的感覺會更徹底，因為台灣到底不是一個完全歧視你的地方。可是到了美國，你怎樣在一個讓你更脆弱的地方，居然慢慢找到了自己？若用一種社會定義來講，你失敗了非常久，可是你怎麼從來不會用那個角度看自己？

李　安：自信有兩個方面，一個是天生的，這個我比較少；另一個是外來給的肯定，當大家給你的肯定多了，你自然就會產生「自己也不錯」的樣子，有一種自信心。像當總統也一樣，一開始可能很害怕，但閱兵幾次以後，那個樣子就出來了，市長也是，幾次會議、演講，樣子就出來了，做導演也

一樣，剛開始不敢講話，後來也不曉得為什麼自信就會漸漸出來。

我剛到美國時當然很害怕，比剛進台南的小學還害怕，因為語言不通，而我們從小就看美國電影，所以很崇拜他們，當然電影裡很多都是假的，但我們不曉得，以為美國人就是那樣。所以到了美國，一看到白人是既興奮、又新鮮，好像走進布景一樣。記得有一次放學，看見他們打美式足球，男的又快又壯，女的又漂亮，褲子穿得又短，就覺得很自卑，感覺他們又聰明、又優秀、又漂亮、又健壯、又白，看了之後覺得很沮喪。

因為學戲劇語言很重要，要不斷溝通，而且都是涉及文化的東西。其實前兩年我都是半猜半聽，吸收非常有限，所以，後來我的視覺能力變得比較強，而我又很會猜英國人、德國人、黑人、白人怎麼想，也都猜中。所以，為什麼有人說我各種電影都可以拍，其實跟我很會猜有關，因為我很會觀察、猜測、揣摩、旁敲側擊，用各種方法抓到那個準頭，這跟那段時間的訓練有很大的關係。那段時間雖然很害怕，可是我的命比較好，對戲劇有天份，一碰這個東西好像就沒有害怕，在藝專時也是這樣。

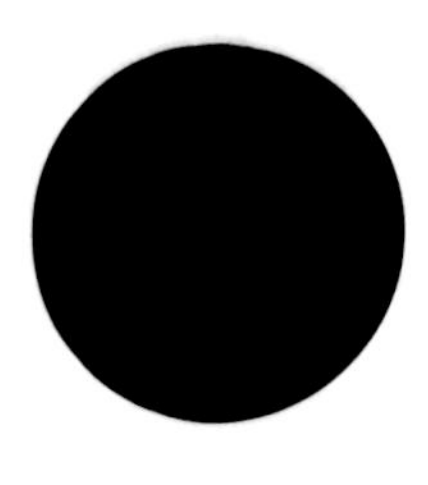

陳文茜：很多跟你有類似機遇的人，雖然也有謙虛的一面，可是久了，往往會覺得時代對不起他、政府對不起他，認為自己懷才不遇，只有憤世嫉俗的面向，為什麼你沒有？當然你現在不需要，可是你四十歲之前，很需要，也有可能有這樣的想法，為什麼你沒有？

李　安：我不曉得那是我的優點，還是缺點，以前我也曾被女朋友甩過，在當兵的最後一個月收到分手信，也就是被兵變。有兩個月我真的很生氣，因為在高雄海邊當兵沒有別的事，但過了兩個月，我就覺得她很可憐，一個人在外面發生了變化，不曉得怎麼辦，所以我後來一點也沒有恨她，因為我大概也不太有能力去恨別人，或真的生氣超過兩個月。

我在生氣的逆境裡有時會找到同情，覺得如果不愛或不原諒別人，都不是誰對誰錯的問題，生氣只是別人要做的事跟我們相撞，所以不應該有恨意。恨一件事情時，受最大傷害的其實是自己，不是所恨的人，所以生氣就可以了，不必做很激烈的舉動！而正好我可以做的事情也是「君子報仇，三年不晚」，很多仇我都報到了，但不是我自己去報的，是後來事實證明我正好有這個命。

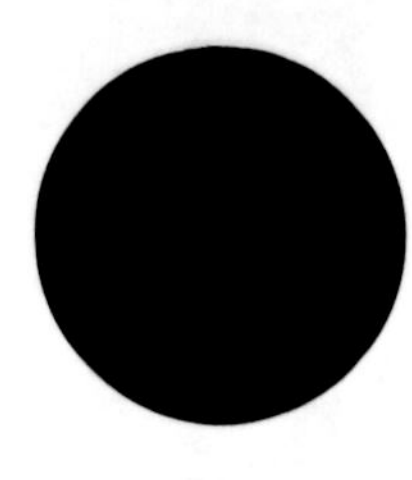

陳文茜：胡市長，李安說他如果回到自己的內在，就很脆弱、害怕，可是什麼狀況令他變得強大，也就是進入「忘我」的情況，那時的他很強大，你有什麼看法？

胡志強：我反對以「脆．弱」當今天的主題，李安會脆弱嗎？我看到李安得獎，差點掉淚。在整個拍攝的過程中，你要我用兩個字形容他，我不會講「強悍」，不會講「智慧」，雖然這些都是他的特點，outstanding（傑出）都可以拿來形容，他絕對不脆弱，在拍攝的過程中，他的委屈有多大？他走進奧斯卡頒獎典禮，媒體預測的都不是他。當他站起來時，全場歡呼，因為大家都很意外，我也很意外，我跟李安這麼老的朋友，每次他拍電影時，都會問他：「這次拍什麼電影？」他說：「一個老虎、一個小孩，在一條船上，兩百七十七天。」我心想：「你沒事拍這種電影還想賺錢？裡面沒有sex（性）、blood（血腥）、violence（暴力），哪一個電影在好萊塢沒有這三個要素能賺錢？」我就怕他賠錢，結果他成功了，我的高興幾乎比他還多，李安真是好樣，讓台灣很光榮！

陳文茜：我把李安當成偶像，是因為他的電影裡，總是將很多不同的宗教、文明各

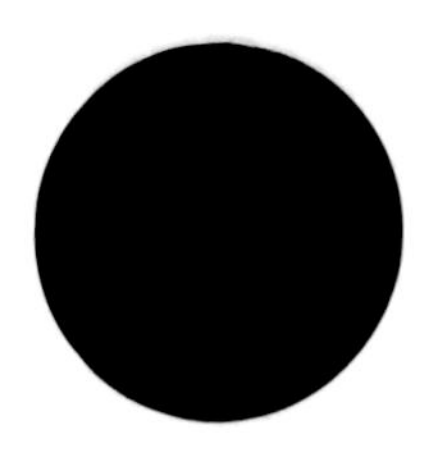

方面全部結合在一起。把今天的題目定為「脆・弱」，是因為我覺得現在的年輕人，還有我們自己都很脆弱，不知道郝市長覺得如何？

郝龍斌：我想文茜跟李安是從「少年pi的奇幻漂流」談出這個題目，雖然那時已經看了三遍「少年pi的奇幻漂流」，不過前兩遍都是首映，電影開始我就走了，後來我自己又看了一遍，看完後覺得自己還滿脆弱的，也注意到李安講的一句話：「我們人生中，隨時都會遇到Richard Parker，也就是那隻老虎。」

我覺得我的成長過程跟李安滿像的，可能大家不知道，我在六、七歲以前，媽媽都幫我留長頭髮，因為她一直覺得我比較像女生，直到我父親從南部回來，看到怎麼有男孩子留女生頭髮，才把我的頭髮剪掉。而我小時候的個性也比我姐姐柔弱很多，很愛哭，但稍大以後，父親就一直給我洗腦，告訴我：「男孩子不能流淚！」所以印象中高中以後，我就算很累、心情很差，也大概不會掉淚。不過，其實後來我常跟好朋友說：「你如果真的難過，掉淚出來比哭不出來好多了。」

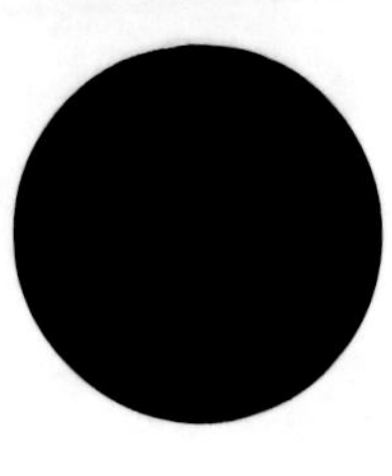

當然你外表可以擺出堅強，可是，在人生的歷練裡，人往往要經過脆弱，才會堅強！在人生的過程中，我們很多時候是脆弱的，而在面對脆弱的過程中，我們會出現三種可能：一種是垮掉，尤其小時候，受到打擊或挫折，很可能就倒下去了；一種是克服困難，得到一些經驗教訓，就像在「少年pi的奇幻漂流」中講的一樣，你在求生的本能上，能夠活過來，就能讓自己有長進，雖然不見得幫了別人；還有一種是我們在過程中承受非常多的痛苦、辛苦，但不僅自己走回來，而且會有同理心，就像李安得到奧斯卡獎一樣。事實上，人生本來就是一場奇幻漂流，可是在脆弱的過程中，怎麼面對自己的脆弱，對我們後來會有很大的影響，而這也是人生歷練的一部分。

陳文茜：李安導演，你當初拍「少年pi的奇幻漂流」時，我在美國曾告訴你：「我知道好萊塢，也知道奧斯卡金像獎，『亞果出任務』若得最佳電影我並不意外，可是這種電影要變成最佳導演太荒唐了！因為沒有一個人可以把『少年pi的奇幻漂流』拍到有宗教和文明的包容，如果美國影藝學院最後沒有把『最佳導演』給你，我覺得它的招牌會垮！」所以我就注意到，當「最佳導演」宣布是你時，全部的人都站起來，鼓掌最大聲的是你的偶像是史

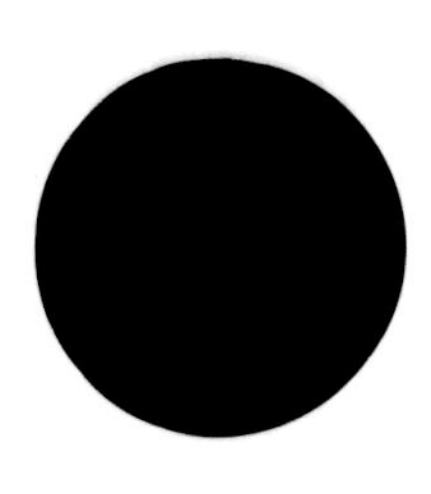

蒂芬・史匹柏！

你聽了兩位市長的談話，胡市長雖然不肯承認脆弱，但其實很有感情，這幾年有些事傷他很深，他嘗到了「古根漢」變成了「負心漢」的痛，也在政治領域裡看盡「世態炎涼、人間冷暖」，他的太太更是身體受了傷，兩個男人，一個承認脆弱，一個不相信自己脆弱，從你導演的眼睛來看，他們兩個到底哪裡出了問題？

胡志強：除了這個問題之外，也想請問李安導演，看完「少年pi的奇幻漂流」後，我覺得這部電影根本是宗教電影，當然你很公平，印度教、佛教、西方的宗教、東方的宗教，都有提到，甚至有佛教的朋友覺得你的電影在講佛法，所以這部電影在談宗教嗎？

李　安：我想澄清一下，「少年pi的奇幻漂流」講的是信仰，不是宗教，宗教是前面的小菜，小朋友很天真的認識宗教，什麼都去跟隨，所以裡面有它的荒謬感。後來他在海上，以為面對的是上帝、信仰，但宗教是人為的行為和組織，而人對上帝是抽象的概念，關乎我們對未知或比我們大的事情的理

解，包括我覺得我很脆弱，為什麼我會有力量？群體這麼大，到底我的力量是什麼？而我怎麼去信仰祂、經營祂？不只是外在虛幻的上帝，認為上帝創造了我們，也可能是我們創造了上帝？我們內在對這種未知，也就是所謂的老天爺，以及我們未知的本性到底如何結合？我們都有感性的需求，要跟祂結合，可惜理性沒有辦法解釋，這時你該怎麼自處？

所以，「少年pi的奇幻漂流」要講的是這種信仰，人跟自我、大我之間的一種關係，一種很抽象的關係，所以pi在海上，面對的上帝是很抽象的概念，可是又是一種具體的身體感受，而不是去禮拜堂、廟裡面客套的東西，所以說它是宗教也沒錯，但在宗教的上面還有上帝，也就是信仰的問題，我主要講的是這個。

我認識胡市長很久了，他以前最早是新聞局長，那時的新聞局跟後來的新聞局不太一樣，我們拿輔導金也是第一次，外交部輔助我們，也都是剛剛起步，有一種很純真的感覺，而我可能是唯一或唯二有把輔導金賺錢還回去的人，不像現在輔導金不夠。那時很感謝胡市長（當時為新聞局長），我們之間有一種患難之交，他給我們做裡子，我在外面得獎、辦活動，為

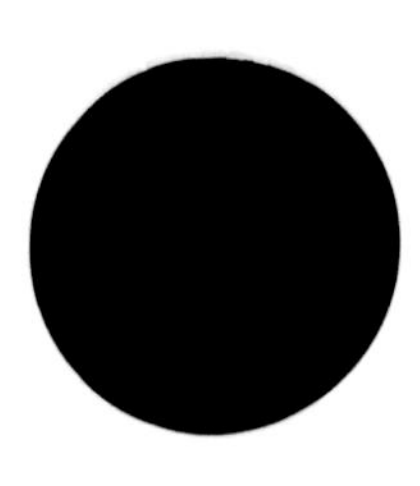

國家爭面子。

至於他們兩個男人有什麼不對，面對脆弱為什麼不可以脆弱，有什麼不對勁？我認為這是因為職業，我自己本身也是，導演和一個城市的大家長都是被人依靠的，如果表現脆弱會天下大亂，大家都要往他們身上依靠，所以其實是家長、成人的角色。我這次拍「少年pi的奇幻漂流」才有這樣的經驗，以前只是純粹的導演，角色還是小孩，想要什麼就一定要到，要不到，我就哭鬧不休。因為我上面有個製片，一直扮演家長的角色，所以我可以像比得潘一樣，當永遠長不大的小孩，發揮我的童心，可以動人，跟大家交流、娛樂大家，因為責任有後面的大人在扛。

這一次因為到台灣，製片等於沒用，而且我第一次不跟製片伙伴詹姆斯・夏穆斯（James Schamus）合作，覺得要成長，就必須孤獨來拍片，但碰巧是最難拍的電影，加上我把片子帶到台灣，不單要對所有工作人員負責，還要照顧他們的生活，因為台灣是我的家，一定不能丟面子；另外一方面，我希望他們要給台灣做很好的榜樣，不然我在同胞面前會沒面子，夾在兩邊，必須要成長，成為大人，所以，我可以體會當家長不能暴露弱

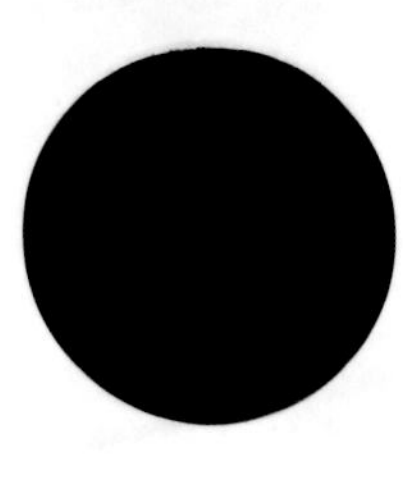

點的心情，要「打落門牙和血吞」，回家之後眼淚往自己裡面掉，只有太太知道自己的弱點，所以，每個男人都怕太太，因為你最脆弱的時候，是她們給你力量，就像小孩一樣，不敢對她怎樣，會怕她，結果就變成天不怕地不怕，就怕太太。我想這和我們在社會裡扮演的角色有關係，這個社會有小孩的角色，也有成人的角色。

陳文茜：你在前面提到你拍「理性與感性」時，一句英文都不見得表達的非常好，可是你卻處理全英國文學裡最重要的經典小說，而且將它拍成電影，又跟莎士比亞劇院等級的演員們一起工作，但最後你不僅把電影拍出來，而且拍得非常好。我非常震驚，所以很好奇，想問你怎麼克服這裡面的問題？

在美國時，你告訴我，當你拍西方電影時，相對比較堅強，因為你可以像「手術刀」一樣面對西方的題材，處理你在這裡不會有很多個人投射的議題。可是每一次回到東方，拍東方的議題，你就會開始有很多個人的情緒導入，包括拍「色戒」、「臥虎藏龍」，甚至「少年pi的奇幻漂流」，雖然它是印度的故事，但就如你說的，回到台灣，你不僅近鄉情怯，很多脆弱也一直跑出來，你曾說：「有一次火車快要到嘉義，靠近台南時，你就更

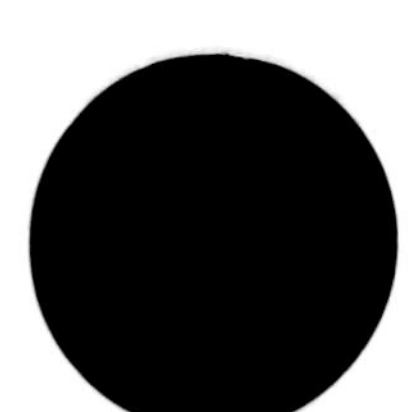

「李安把自己放得非常低。在脆和弱的不同概念裡，他提示了每個不同生命所面臨的難題，變成了最會說別人故事的人，某種程度也將自己的人生故事處理的極好。」（圖片提供．電影委員會／汪德範攝影）

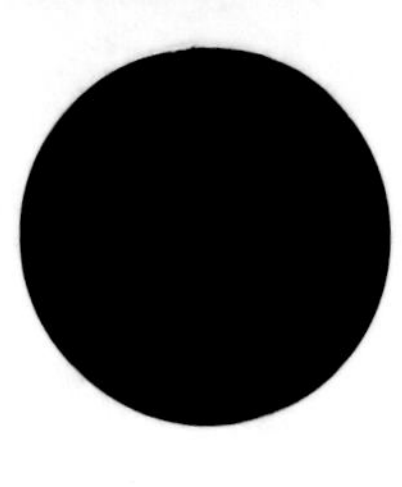

材裡，不停的轉換自己，但東方或家鄉，為什麼使你那麼脆弱？」所以，我很好奇，你一直在西方、東方間來來回回，在不同的題

李　安：就像小孩和父母的關係四、五歲就決定了，因為你生出時是脆弱的，完全需要父母，力量的交流只有單方向，包括小孩對父母的需求、父母對小孩的管教，父母不給你喝奶，你就不行了。你那麼小，父母那麼大，他照顧你、管教你，所以，很多事情就會變得根深柢固，好像電腦晶片插在你的後腦，或者像機器人，放了一樣東西，你就知道「不能傷害主人」。

我覺得我們已經被程式化，就是滋潤你、成長你的環境，不管是好的經驗、壞的經驗，都會深深影響你，逐漸變成我們心裡因素的一部分，你沒辦法選擇，也沒辦法抗衡，這也是我們最脆弱的一點。家鄉對我就是這樣，我沒辦法解釋我為什麼怕爸爸，等到我比他還要強壯、還有名時，我不但怕他，還怕傷到他的感情。也很難解釋我跟母親為什麼會有那些感覺，現在我對孩子也有那種感覺，對家鄉我就是會有這種情緒在裡面。

在我們十幾歲、茁壯以前，也就是我還是學生時，看伯格曼（Ernst

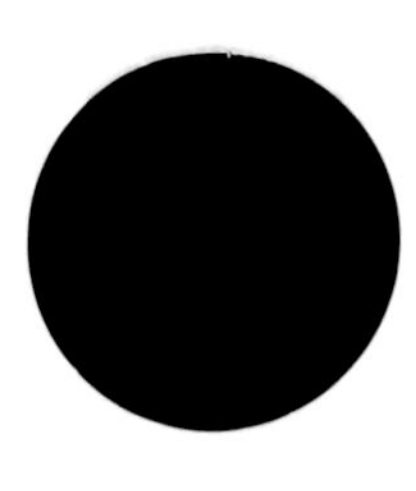

Ingmar Bergman）的電影，到後來見到他時，有種感覺說不出來，他叫我做什麼，就去做，對不對都沒辦法說清楚，好像自己就該如此。對家鄉也是有這種感情，當你成長了，開始拍片，可能不會服氣那些人，但當你還很純真、很弱時，吸引進來的東西是沒辦法改變的，那是你先天的一部分，我想我對台灣、對家鄉的感覺就是這樣子。把那些拿出來去破解、戲劇化，對我來講很難。你要衡量，做為藝術呈現，面對觀眾，你是否必須公平、真誠，但那時就很難受，內傷比較重，而美國或英國的東西就沒有這種感覺。

陳文茜：你這麼愛故鄉、愛台灣，在奧斯卡金像獎得獎時刻，謝謝台灣、謝謝台中，對故鄉的感情那麼深，既複雜又糾結、脆弱，但是，你選擇在美國，而且也知道如果你要在世界的電影占有一席之地，要把基礎放在紐約、好萊塢。對很多人來說，這是兩個不同的結論，你會不會告訴年輕人，愈愛故鄉，不見得要留在故鄉，可以大膽走出去，不管走出來的答案、地點，只需要勇敢的去闖蕩，故鄉永遠都會等待你回來，給你很好的擁抱，就像媽媽一樣？因為台灣現在有很多年輕人很懼怕走出去，你可不可以談談這個部分？

李　安：我很害怕大家說「我很愛台灣」，其實壓力好重。不管是愛國、愛鄉，嘴巴講已經讓我覺得很不自然，因為愛家鄉是很自然的事，不需要講，你本來就會。拿出來講時，很可能是家鄉有問題，或是你有問題！這是真心話，不是謙虛，每次聽到「李安愛台灣」、「台灣愛李安」，就會覺得好緊張。像美國開始講「愛國主義」時，就是國家開始出現問題，會考慮是不是還要住在這邊。所以，每次大家講「愛國」或「愛鄉」時，我都會有點緊張，感覺有什麼不對勁。

當初留在美國並不是計劃中的事，說來話長，我的書裡都有寫，是一步一步走到美國，後來我出名了，回到台灣，短期間感受到很多愛，時間一長，也受不了，真的很難在這邊生活，因為我可能一條街都走不過去，大家都要找我照相，而我真的想做的事就是拍電影。我應該做的事在紐約反倒比較自由，可以創作，也有我的工作班底，而且紐約是世界的瞳孔，各地資訊都看得到。我既然在那邊建立了我的家、工作關係以及工作室，在那邊生活就會比較正常。

父親小時候曾告訴我一個故事，他說有一個很有錢的員外，每天吃一隻蹄

膀，有一天有個工人走過，說：「要是每天都能吃個蹄膀多好？」因為講的太大聲了，被員外聽到，員外就說：「你過來，你說每天吃蹄膀很好嗎？好，我現在每天做蹄膀給你吃，你吃看看！」結果吃了一個月，工人也說受不了。有時，我就有這種感覺，在台灣接受很多的愛，多到我自己也承受不了，所以我在外面生活，短期回來，像做主，又像做客，非常甜美，台灣人真的對我很好，通常到好萊塢或到奧斯卡都會受到很多本國人的敵意。

陳文茜：我可能沒有講清楚，我其實很想鼓勵台灣年輕人走出去。

李　安：走出去很好，因為台灣很小，是海島國家，本來就該走出去，尤其現在世界已經全球化，做為世界一份子，尤其現在通訊、交通這麼發達，心胸應該很開闊。在全球化的時刻，全球會更尊重你的地方性，因為你是特殊的，我認為不要怕，走出去有好處，在美國有一句話說：「你可以把男孩拿到中國城以外，但你不可以把中國城拿到男孩的心以外。」台灣的存在可以具像，也可以抽象，這個世界很大，我們需要和外面學習、交流，互相幫助。我覺得台灣的電視新聞非常不好，雞毛蒜皮、小貓小狗的事一直翻來覆去報導，沒有世界大事，真的很不像話，不要說走出去，走出去還

要花機票，電視如果都放比較重要的事不是很好？我們爭一點氣好不好？

陳文茜：兩位市長對台灣應該走出去和台灣媒體的問題有什麼看法？

胡志強：我覺得今天真正的題目應該是「中年李安的奇幻漂流」，我有資格講這個，是因為我二十幾年來看他辛辛苦苦奮鬥，他的成就給台灣帶來兩種期許，第一，台灣可以幫助或是做為李安的平台、場地或製造地，拍出「少年pi的奇幻漂流」，而且得到奧斯卡金像獎，為世界賺這麼多錢，那麼將來還有沒有好萊塢的導演會來台灣？我們還能不能有這樣的機會？第二也是媒體常問我的，但我沒答案，那就是李安什麼時候可以再回來拍片？這個問題只有李安可以回答。

李　安：找到好的題材就會來，事實上，我的題材中西不太平衡，因為中文題材常讓我覺得還不夠，要自己去發掘；而西方好的劇本卻一個接一個來，真的很難拒絕，像拿到「少年pi的奇幻漂流」時，我最多想像可以帶來台灣拍，所以真的很難抗拒。中文題材需要我自己發掘，台灣的片子只能說我會繼續努力！大家一起加油！

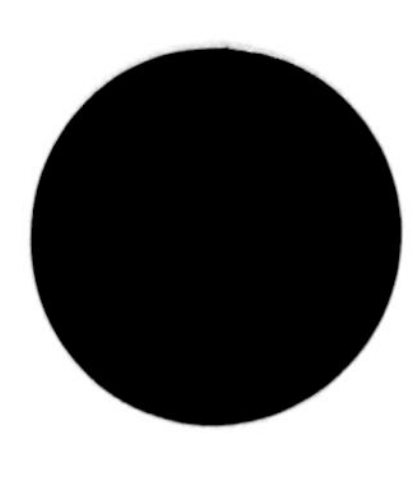

另外，來台灣拍戲，台灣也要有片場，因為不光是取景，台北這麼常下雨，必須要進棚，希望外國電影來台灣拍片，就要有很好的機制，從大的器材、政府的補助方法、場景，到小的吃飯飲食。沒有負責劇組飲食的這個行業，工作人員休息、生活怎麼辦？所以，整個機制都要組織起來，這需要長遠的計劃，台灣硬去做是可以做出來。

而電影還有一個很大的部門叫做「後製」，我覺得台灣從事「後製」絕對有條件，因為台灣科技環境非常好，可以引進，訓練青年朋友做各種後製視效、音效，把這些環節做飽滿，因為後製占整部電影一半的經費，有時還更高。台灣現在在許多方面其實比大陸還便宜，人又非常親切，素質、生活機制都很好。政府在處理公文這方面只要建立合理暢通的機制，跟世界接軌，畢竟這部分台灣還有一定的距離，如果把這部分也做好，加上電影後製可以在這邊做，生意就做得起來，也會帶動本地的拍片經驗，因為在電影後期製作栽培的幾百位人才裡，總有幾位出色者，就會激盪創意，很多國家都是靠這個方法把電影行業帶起來，我覺得台灣相當有條件，雖然我們做不到像大陸那麼大的生意，但有這樣的條件。

陳文茜：剛才李安導演談到對我們整個電影產業發展非常重要的環節，叫做「後製工程」，這部分曼谷做得非常好，很多人到曼谷去，不是去取景，而是在那個地方進行剪接、所有視覺效果，所以，即使台灣不能變成好萊塢，但可以做「後製工程」，而這關係到學校的教育、政府的投資各方面，可能不只是我們電影委員會？

李　安：我可以補充一點，外片之所以會來是因為你有好處，畢竟商人、製片是將本求利的人，所以你要下很多本錢，吸引他們進來，供應他們好處，並不是只要電影在台灣拍的虛名，最大的好處其實是可以帶動本地工業，我覺得這才是最根本的東西，也就是能夠幫助本地拍片的人，因為我們一直都是次好萊塢這種工業成長的國片，這二十年連個基礎都沒有，大家都像散兵游泳，拍電影完全靠熱情，非常可憐。台灣的電影工業非常少，引進外面的做法可以把固本清源的工作做好，也是為了這個原因才值得下本錢建立電影環境，招待外面的人是一種本錢，當然最後我們看到的好處是把國片的環境帶向健康的方向。

郝龍斌：台灣在電影後製這部分有非常好的機會和空間發展，尤其是台北，包括

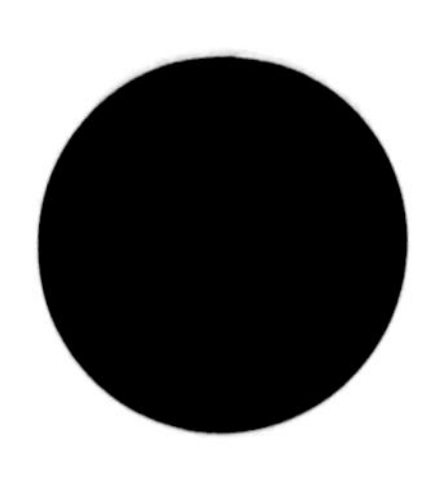

「少年pi的奇幻漂流」的很多後製，都是由「中華電信」通過雲端運算協助拍攝。據我了解，那隻老虎很多鏡頭都是靠後製才能完成，所以台北市已經在做「影視音產業園區」，文化局也很積極和很多電影接觸，甚至和高科技產業也都在溝通、聯繫，這一塊是台灣能最快發展起來的產業，我們現在的科技、人才很容易和先進電影工業接上軌，但還是要和國際合作才能有長進。我聽到很多人說他們在「少年pi的奇幻漂流」後製中學到很多，可以再把這些人匯聚起來。

陳文茜：李導演，你覺得這樣夠嗎？我知道你一直都很客氣，但你有很大的權威，你的發言對政府影響很大，希望你能講得更清楚，你希望我們的後製工程是不是只有到這個範圍？

李　安：中華電信確實是很大的躍進，後製我們做了一年半，因為電腦特效的部分非常大，我不是很懂電腦，但我知道那部分用中華電信的雲端科技把全世界的資訊都結合在裡面，我不知道怎麼結合，有人能比我講得更清楚，是非常了不起的一件事，因為它的數據非常大。像我們得了奧斯卡「最佳視覺獎」，有時一個鏡頭的電腦用量，比一部特技電影全部的還要多，所以

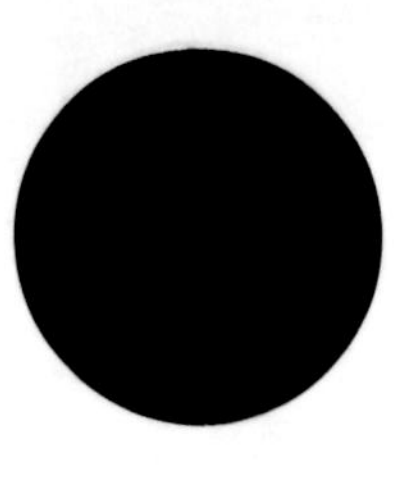

我們運作的量非常大，一般美國片也沒有這麼大，因為要展現動物的活靈活現，還有海洋等等各方面，而後製都是在台北做的，這部分確實非常好。

可是我們只是供應它的設施，而後製需要視效、音效，這方面員工的文化素質、品味都必須提升，現在我們已經落後馬來西亞、印度很多，還是零。不過，許多產業剛開始都是代工，代工到一個程度時，就會有比較出色的年輕人，他們會有表現、有組織，慢慢就會成氣候，這是我們不能落後的，因為台灣有這個條件，只是不知道有這樣的事情可以給年輕人做，電影是全世界哪裡好，哪裡便宜就去哪裡做，也就是會找各地代工，當然也會回饋到我們本身，台灣電影需要視效時，就可以在本地做，不需要花錢請別人做或看人家臉色，可能也更便宜，而這些都是值得做的事，音效我們當然做得要比視效好，可是還是可以再加強。

陳文茜：我想幫一般年輕人問一個問題，未必是電影文化學院的人才有的問題，對他們來說，這個時代是三個世代以來最糟的時代，當然這是從西方人的角度來說。從東方人的角度，你父親那一輩才是最悲慘，但是，某個程度來說，我們現在的年輕人面臨的大環境很不好。你在紐約蹲點那麼久，在那

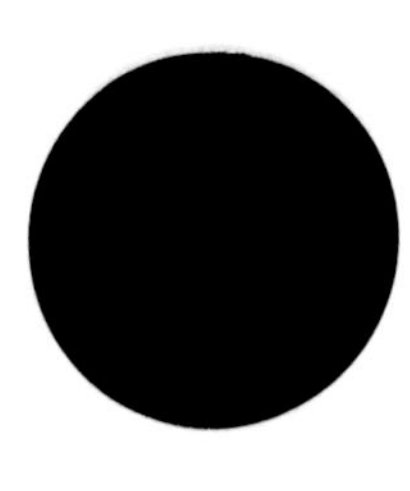

個過程中，是什麼使你堅信自己的理想，不去選擇別人的價值？因為大多數的人很難相信自己的理想，太需要社會或父親給他肯定，你怎麼一直堅持你的夢想？當然我們知道你有個好太太，但一定是你敢於蹲點到一個程度，最後你跳躍起來，像「臥虎藏龍」裡的老虎。然而，對很多年輕人來講，他可能進入社會時，根本找不到自己的價值，或者他有自己的價值，但一摔跤，就放棄了。

李　安：我們這一代經歷了抗戰、內戰，到日本把台灣交還國民黨，而我們父親那一代在抗戰時期長大，經歷風雨變色，他們的憂患意識非常強，也有強烈的大中國情結，當然也有固執的一面，可是傳給我們的是生存力和韌性，也就是很能受氣、吃苦、有骨氣，我父親不喜歡我做電影，但他給了我一種骨氣，從小就告訴我們：「我們江西人很有風骨。」所以，我從小就知道人要有骨氣，但我沒有傲氣，外圓內方和生存力、競爭力這些都是他們那一代教給我們很重要的東西。

我父親不喜歡電影，會覺得電影很虛幻，認為若是共產黨打過來怎麼辦？靠什麼活？因為他們經歷過血洗的經驗，是犧牲的一代，也是傳承的一

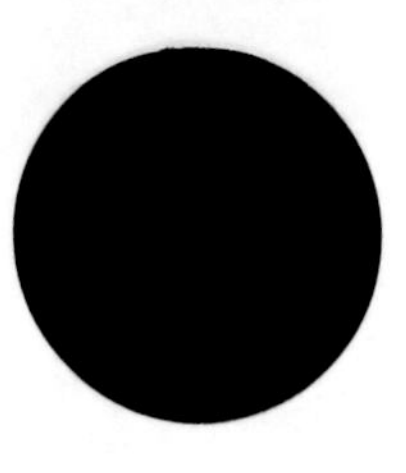

代，當然也將他們的不安、恐懼傳給我們。我們這一代既有憂患意識，也覺得明天會更好，想出國得到更高的學位，學別人的優點長處，不管是在外面發揚，還是回來為國服務，都有「家、國」的觀念和骨氣在心中，我不敢說我們這一代很優秀，但還不錯，在做事方面不像父親那一代那麼古板，比較開通，也受美國、日本、各方面的影響，觀念上比較開通。

但是，我看到台灣這一代的小孩，就比較軟一點，很善良、可愛，可是生存意志比較軟一點，有時你要提醒他們，擔心他們，但素質都非常好，善良又聰明。一個人會反映父母那一代，我們的小孩則反映我們是怎樣的人，而我們反映出的是父母，這個世界已經在變，台灣也一直在變，我希望台灣愈來愈好，生存意志和競爭力不要往下滑，光人好沒有用，要有生存力、競爭力，還要能表現。

陳文茜：你蹲點在紐約等電影拍的那幾年，除了煮飯，你都在做什麼？

李　安：發呆的時候很多，我應該去賺錢，不管做什麼工作，事實上，我也可以找電影的工作，但我這個人有一個毛病，就是沒有做我喜歡的事，或者幫別

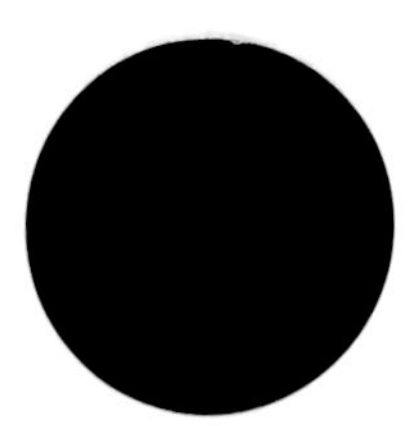

「這個世界已經在變，台灣也一直在變，我希望台灣愈來愈好，生存意志和競爭力不要往下滑，光人好沒有用，要有生存力、競爭力，還要能表現。」（圖片提供．電影委員會／汪德範攝影）

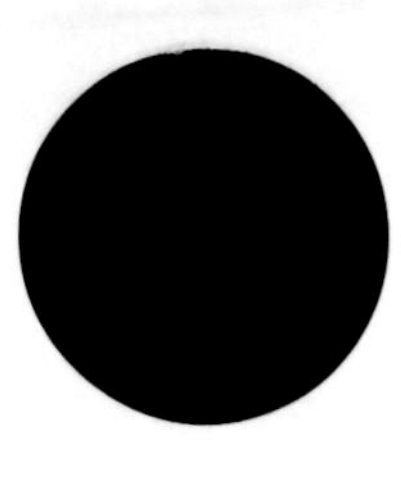

人做事時，我整個人就好像塌了一樣，一點力氣都沒有，沒有辦法控制，這是我的弱點。我在學校一拍片就好有神，一不拍片整個人就很不靈光，我的性向非常清楚，覺得自己怎麼這麼久都拍不成，挫敗感很重。我太太她幫我最大的忙就是「不管我做什麼」，她有一種價值觀念是「不工作不可以」、「不努力不可以」，你做什麼、賺不賺錢都沒關係，還好我們想劇本只需要抬頭發呆就可以，不需要做什麼。

我很不建議夫妻同行，真的很危險！不能知道太清楚對方的工作，我有朋友夫妻都是做電影，先生一懶惰，太太馬上就指正他，沒有辦法偷懶。可是，最好的創作是「Get it from nowhere」，也就是不曉得哪裡來的靈感，所以，你要去不知道的地方找靈感，事實上，是靈感找到你。換句話說，創作是有閒階級的事，如果你去煎漢堡，就會很忙碌，因為沒有人會白給你錢，但花那麼多精神在那裡，就無法百分之百專心籌劃片子，所以當片子來時，你可能還沒有準備好，我很害怕發生這個事情，所以就真的苦苦在等。

你也不可能常常有那麼多靈感，一年有一、兩個靈感，寫出來以後，那段

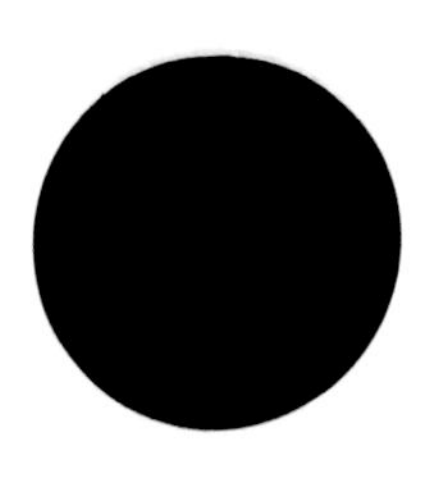

時間會很有活力做研究，雖然沒賺錢，太太看我很有幹勁也很高興，覺得「你想到什麼東西？有東西可以聊」人就比較有活力，推銷幾個月以後，慢慢沒有消息，人又開始消沉，但還沒完全絕望時，另一個想法又來了，一年總是有那麼幾次，挺折騰人的，對我耐心的磨練很大。在這些挫敗裡就會學到商業電影、劇情長片需要什麼，觀眾會告訴你一個原因，不管你服不服從，從裡面你會學到很多東西。所以，我在這段時間裡歷練了很多，當然我的家庭基礎相當好，後來開始拍片，到處跑時，也是用這些老本、老感情，大家對我都很支持。

其實我發呆的時間很多，我不鼓勵年輕人發呆，很多人發呆也沒有搞出什麼名堂來，怎麼交代？你沒有做事，又沒有做事的基礎，生活不知道該怎麼辦真的很糟糕，藝術其實是沒有理由的，賠錢、賠青春、賠你的家庭關係，各方面都賠了，但你還在做。

陳文茜：你有非常大量的閱讀嗎？

李　安：沒有，我讀書很慢，這個部分我要澄清一下，大家說我什麼都能拍，好像

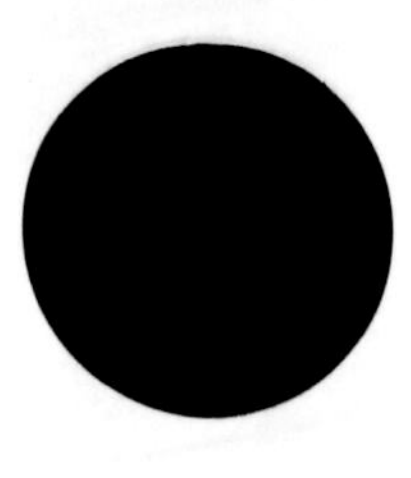

我是學者一樣，電影就是皮毛，我這個人很奇怪，如果跟拍片沒有關係的，就會很懶，下部片和中東有關係，就突然對中東很有興趣，我的研讀也不是靠槍手，但有人會幫我做書摘，讓我知道怎麼進入那個世界，進入以後，大概就能分辨好壞，這點我是滿厲害的。

陳文茜：你告訴我你的下一部片是連續劇，內容跟中東有關，你怎麼去準備一個完全不同題材的片子？

李　安：我會需要簡單看一下中東歷史的摘錄，然後再看看怎麼深入，再將和我劇情有關的部分找出來。現在我們光知道那邊殺戮不斷，背景如何都不清楚，研究後，我就能分辨好壞真假，當然這裡面有一些規則，就是拍一個東西要講什麼，這個原則我知道，做一些片子後，我抓得還滿快。例如，今天若要拍一部和「市長」有關的片子，經過兩個月的研究思索，我做出來的可能比別人還像，我就是有這個本事。電影其實是一個皮毛，不需要深入到像學者那樣，而我能分辨其中的好壞，也就是戲劇上需要的部分，讓大家看電影時能夠投入，對我來講也就夠了，只要大家問問題時，問不倒我就可以了，一旦拍完後，我就一點興趣都沒有。

陳文茜：但是，我注意到你在拍一些你所謂的皮毛時，就是會有很不同的切入點，那是如何得來的？

李　安：那個切入點就是我的興趣，對一個題材，我一定有一個特殊，而且別人看不到的地方，別人都看得到，那我就不拍了，我覺得我自己還滿特別的。

（二〇一三年五月十二日）

青年提問

提問　從卡麥隆導演的「阿凡達」之後開始，大導演似乎都開始追求藝術和科技的結合，認為這樣可以產生一種奇妙的化學反應，這次「少年pi的奇幻漂流」除了信仰和旅途是賣點外，對廣大觀眾來說，3D也是很大的賣點，對我來說，「少年pi的奇幻漂流」就像我和朋友拿桶爆米花，在電影院裡，戴著厚厚的3D眼鏡，來一場冒險之旅，可是當我一個人躲在被子裡，對著電視機時，會想看「囍宴」、「斷背山」，一個人哭一哭，因為那能給我回味無窮的體驗，所以，我想知道，「少年pi的奇幻漂流」運用3D是你的一個小嘗試、試水溫，像「綠巨人」一樣，做不一樣的嘗試嗎？你以後會再回到劇情片嗎？

李　安：技術、科技要為藝術服務，不能捨本逐末，我拍「少年pi的奇幻漂流」用3D，是因為我發覺這個電影根本拍不出來，沒有人會拍，我不加另外一個面向，就做不出來，其實我一開始是想到3D，才想到這部片子要怎麼

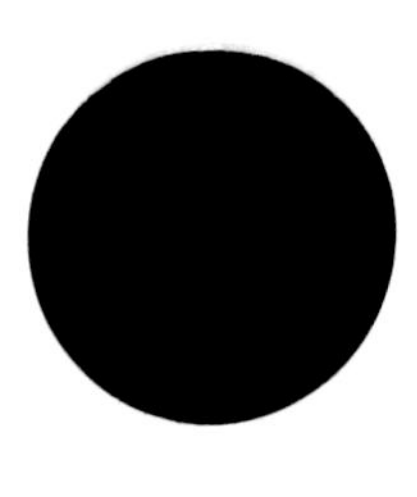

解決，這是我在思想上的突破。那時我還不曉得３Ｄ是什麼，「阿凡達」也還沒出來，大概九個月前，我就已經決定要學這樣東西。

技術本身沒什麼，人是用兩隻眼睛看東西，世界是３Ｄ的，那我們為什麼不用３Ｄ？電影是平面的，很多都是我們自己用想像力把它補足，現在３Ｄ出來，是一種新的電影語言，很多新東西也跟著出現，它是有錢人拍的，所以會先從動作片、恐怖片，甚至色情片開始，藝術的東西後來才會慢慢來，成為第一個用３Ｄ拍藝術片的人，是我的一個心願。

媒體、科技本身不是罪人，只是因為很貴，所以這種行業，把它帶到了比較通俗娛樂的方向，我相信有我的經驗以後，３Ｄ更有可能用來拍非動作片，也就是戲劇片，因為電影通常是平面的，如果是以２Ｄ導戲，回到控制室看３Ｄ以後，就會回去調整他的表演，需要更含蓄，因為３Ｄ是一個戲劇性更強的一個媒體。

有些概念不是媒體的錯，是因為媒體走到某一個方向，將３Ｄ和動作片連在一起，或是科技、數據和家庭電影，也就是不好的電影放在一起，然而

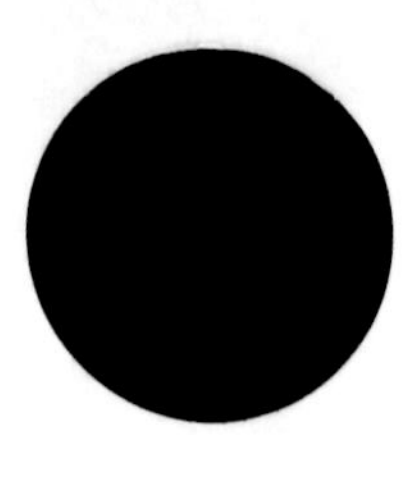

它沒有錯。你如果能拿來拍好電影，久而久之，你的感情也能進去，事實上，大部分的人甚至出場時還戴著3D眼鏡，忘記是3D電影了，這是我的目標，有沒有做到我不曉得，但這是我的目標。

提問：你認為外面的世界如何看待華人領域的台灣？在華人的世界裡，台灣有沒有可能成為中華文化的領航者？

李安：我剛剛去美國念書時，大家對台灣人和香港人分不清楚，尤其對台灣非常不了解。但現在的世界不太一樣了，因為亞洲崛起，尤其是大陸崛起，大家不能夠忽視亞洲，非常需要了解我們，但對台灣還是了解得比較少，因為人數少，所以，我希望利用這個機會，讓大家多認識台灣，台灣是個相當好的地方，我不太擔心這個問題，因為這個世界溝通愈來愈多了。

提問：脆弱的對面就是堅強，所以，拿脆弱當主題表示你應該很堅強。拍電影應該有非常巨大的壓力，想請問你如何說服投資者、演員，還有其他對於支持你的工作人員，以及如何面對下一個新主題的挑戰？

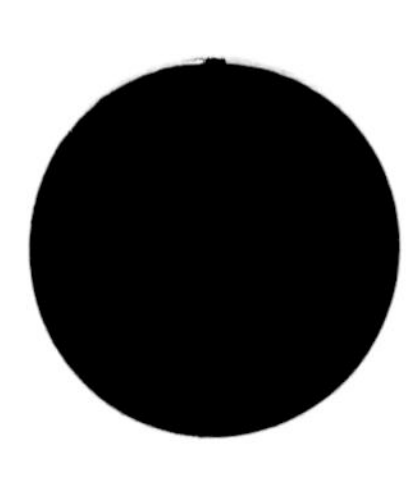

李　安：在台灣因為比較沒有電影工業，所以，想做電影的人都是想做導演。事實上，導演是個很特殊的行業，這個工作很奇怪，每天都會被人問要什麼，有的人喜歡電影，但不見得適合做領導統御的工作。

至於要怎麼讓投資者、工作人員願意投入這部電影，因為人其實很需要想像力，而我不是會說拍這個片會賺錢的人，或是我拿到奧斯卡比較會賺錢，也不希望用這些來刺激投資者的慾望，但每個人都需要做夢，如果你能把那個夢想講出來，別人很會投入，讓投資者和所有人有信心，因為你勾勒出別人沒有看到或感受的東西，並且用想像力把它說出來。可能我的語言笨拙一點，但別人若能感受到時，就會願意投入。

投入後，我覺得最好的統御方式不是控制它，而是讓他有參與感，請君入甕，邀請他們參與，讓他們覺得在實現自己的夢想，那樣的力量是最強大的，包括我自己感覺到脆弱時，都會有一個強大的力量把我往前推，後製我想也是這樣子。

陳文茜：為什麼你從不模仿別人、從不重複自己？這很難，因為大多數的大導演最

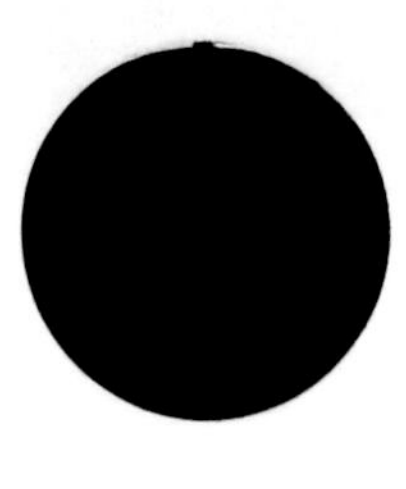

後都免不了一直在重複自己，就算他拍不同的題材，還是一看就知道他在重複自己，為什麼你可以做到？

李　安：拍電影很好玩，很像探險，打個不太恰當的比方，婚姻要忠實，拍電影不需要吧！可以一直交女朋友。此外，我很喜歡拍電影，可以為它永遠的付出，達到忘我的程度。當然，從「理性與感性」之後，我有意識地要跳脱家庭劇、社會諷刺劇的框框，要證明我可以拍別的，甚至悲劇，那時我掙扎一陣子，給我這類東西我統統不要，願意降格拍我從來沒拍過的，要拍過好幾部以後才能正式説「我都可以拍」，這是我努力爭來的，但我一直很幸運，可以學不同的東西。

陳文茜：為什麼是「降格」？因為你講起這兩個字來很簡單，可是我們社會有很多人就是不願意「降格」，所以無法提升自己？我想演藝人員應該都很了解這句話。

李　安：我覺得賺錢不是最重要，你能夠拍不同的電影，是多麼值得追求的事情，我很幸運被允許一直這樣發展，像是一個永遠的電影系學生。

陳文茜：現場有位資深演員特別提到，做為一個台灣人，台灣和國際非常疏離，每天都在「哈日」、「迷韓」，你對這樣的現象擔憂嗎？

李　安：像新聞局一樣，就是擔憂，不過也沒什麼。以前「大陸劇」、「港劇」也都有哈過「台灣劇」，風水輪流轉，大家飯後都要娛樂，你今天做得沒有比別人好，看別人也沒什麼了不起，最重要的是，我們能夠拍出好東西，不但內銷，還可以外銷。新聞是可以做好、但沒有做好的事情，我可能言詞重了一點，對不起新聞界的朋友。

李安

從容深邃，寧靜致遠，部部作品跨越文化，直達人心。唯一兩度榮獲奧斯卡金像獎之華人導演。

我害怕。成功

陳文茜

時報出

張忠謀：請把誠信擺第一

□ 我大部分的閱讀都是跟半導體無關。禮拜一到禮拜五可以說有三小時是在公司裡閱讀跟半導體有關的書，但在家的三小時就跟半導體無關。

□ 有的學者或是研究人員，一生非常專精，就攻一門東西，但大部分的人不是只專門學一樣，而是廣泛涉獵。

□ 有的挫折是可以懷念的記憶，像闖潼關是一個可以懷念的記憶；有的是可以學習的，比方說兩次考試考不取，這是可以學習的挫折。

□ 我覺得應該到國外去，但是當然也看你到國外什麼地方去，假如是到國外去念碩士、博士，就要看你到什麼學校，不好的學校或是平庸的學校絕對不值得去！

□ 一個國家總是要靠自己的人才、人力，如果我們的大學教育落後，那就是台灣競爭力最應該擔憂的事了。

□ 台積電的文化主要是一種價值，這些價值總括起來就是正派經營，具體來說，台積電的價值有三個，第一個是誠信——Integrity；第二個是承諾——Commitment；第三個是創新——Innovation。

陳文茜：為什麼今天要特別邀請張董事長來台大和年輕人對談？第一個，不只是因為張董事長是台灣現在最驕傲的企業的董事長，還包括他人生每一個選擇。其實我們的時代可能都比他幸運，但是有多少人能夠和他有相同的勇氣？一步一步做出正確的選擇，一步一步冒險，而每一個冒險都是很大的賭注。

他父親才華洋溢，在很年輕時，就已經出任寧波財政局的局長，算是小康之家。他和張愛玲都在二次大戰，日軍入侵時，避居香港。後來二戰結束，他爸爸回上海買了一棟紅房子，以為從此可以安居樂業，但沒有想到國共戰爭再打起來。於是他父親就帶著全家，移民美國，並且繼續讀書，但等他拿到哥倫比亞的碩士，畢業後，因為太老而找不到工作，於是就從一個本來中國最優秀的官員、知識份子、財經專家，再變成美國雜貨店的老闆，這是張忠謀的家庭。

誕生在這樣的一個家庭，他的功課很好，還念了MIT，不過他也有挫折，申請研究所時，兩次沒有通過，按照MIT的規定，兩次沒有通過，就終生不得再申請。可是張董事長本來念的是機械，他叔叔告訴他，現在半導體比較有前途，他就勇敢選擇了他覺得該走的路。這當中他曾經想當作家，可是怕作家沒飯吃，在他親筆寫的傳記裡，有非常多年輕時，經歷戰亂、闖關，非常精采的文字，但最精采的，是跟台灣有關係的最後這一幕。

他在美國德州儀器當副總裁時，很知道他的人生要什麼，也知道一個人沒有了國家，什麼都沒有，國家比個人重要。所以，當時台灣的國科會主委，在石油危機前後的時刻，認為台灣需要發展高科技產業，需要一位傑出的華裔科學家，於是到美國延攬張忠謀說：「你可不可以回台灣來？」那時，台灣整整比美國落後了二十年，什麼人願意在那時回台灣？跑到美國都來不及了吧！什麼人願意在台灣高科技像一片荒漠時回來？然而他回來了。他先擔任工研院的董事長，最後創辦了台積電。

當時，他以破壞式創新建立了台灣的半導體產業，去年更獲得了半導體、電子業的最高成就獎。他一生得來不易，是一段又一段的冒險。二〇〇八年金融海嘯以後，他站在面對七十年來最大的金融海嘯，重掌台積電的CEO，這樣的他，看盡驚濤駭浪。如果全球經濟衝擊這麼大，年輕人將來有什麼前途？很可能變成失落的一代。對這樣的說法，他不以為然。對他而言，人生本來就是一段又一段從來不曾平順的路。

張忠謀董事長回台灣時，正是台灣很多台大電機系的優秀人才去美國時，今天台灣有出色的高科技，有傲人的出口成績，不錯的經濟體表現，雖然不能說都是一個人的功勞，可是有一些人，包括張忠謀董事長，他們願意從綠草如茵的美國回到荒漠般的台灣，創造了今天台灣的經濟繁榮，讓很多人有夢想，覺得身為台灣這塊土地上的人，是值得驕傲的。那個年代，他的放棄、他的犧牲、他的賭注、他的冒險以及他的勇敢，是非常值得年輕人學習的價值，也應該向前輩好好致敬。張董事長你怎麼看現在的局勢，年輕人是不是未來會愈來愈困難？你會怎麼勉勵現在的年輕人？

張忠謀：現在的局勢的確是不太好，而且以後保不住會更壞一點，可是不至於壞到一個很壞的程度，我的期待用句英文來講就是：「Things are not good, but life goes on.」也就是雖然一切都不是那麼滿意，但生命還是會照樣的活下去。

歐債的問題，總是有辦法解決的，今天歐元已經掉到一．一六了，我覺得沒什麼稀奇。老實說，歐元剛剛開始時，掉到只有點〇．八五美金，在二〇〇〇、二〇〇一年時，還是在一塊美金之下，那時我在美國一個會議裡碰到前法國總統德斯坦（Valery Giscard d'Estaing），他說他實在想不到歐元怎麼會那麼衰，他們原來的構想，歐元應該是在點〇．九美金跟一．一美金之間，而那才是十一、二年以前的事情。可是後來想不到，歐元一度漲到一．六、一．六五美金，那時我覺得歐元太高，但後來就跌下來，一直到最近都還是一．三、一．三五，現在一下子跌到一．二六，我雖然覺得最近跌得很快，可是並不覺得它已經離開所謂合理的範圍。

陳文茜：你剛才談了許多問題，完全像一個經濟學家，可是我們知道你是學工程出身，在這個時代裡，是不是沒有人可以只有一個小小的專業，他必須了解所處的時代，並且跨界的了解相關問題？

張忠謀：對！我覺得也要看你的興趣，在哪一方面發展有成果。有的學者或是研究人員，一生非常專精，就攻一門東西，但大部分的人不是只專門學一樣，而是廣泛涉獵。我一生是個很好學的人，早年時，也就是在我十八、九歲時，我的當務之急是，學會謀生技能。那時是一九五〇年，美國對亞洲人還是相當歧視，在美國沒有亞洲人的銀行家、國會議員、政府官員，亞洲人的律師也是很少，有也只處理亞洲人的案子，各種專業都沒有亞洲人，唯一開放給亞洲人的職業，就是教書或是做研究。

我那時想，最重要的是先要學得謀生技能，所以我就去念工程了，因為這個領域是開放給亞洲人的。後來做了幾年工程師以後，倒是相當幸運，已經接觸管理、經濟的問題，所以比較廣泛的吸取這些知識和經驗。三十幾歲，我就被升為部門總經理，必須管理工程、生產、行銷等各方面的事務，統統都要管，就需要比較廣的知識和思考，甚至於必須思考如何拿到資金，因為關係公司經營，也就需要懂得股票。所以，可以說做了部門總經理，慢慢我就學得更廣。後來當了台積電董事長，而台積電又愈來愈大，就更需要知道世界的經濟，甚至於大國的政治。所以，二〇〇八年金融危機為什麼發生、歐債又是如何影響世界，是因為做為台積電的董事長，我必須知道這些事。

陳文茜：我認為態度決定了一個人的人生，張董事長的第一個態度就是好學不倦。

你提到，你升到部門總經理，包括你原來學機械，走入半導體，也是一邊工作，一邊苦讀。有些人並不了解，高處不勝寒的意義，這句話不是只說沒有朋友，也包括愈到一個位置，需要知道的事情愈多，所以你一直好學不倦。我如果沒有記錯，你一天花六個小時讀書？

張忠謀：應該說是六個小時閱讀。廣泛閱讀，也就是讀關於經濟、政治、歷史的書，通常我都是在家裡閱讀，一天大概是三小時左右，但到了禮拜六、禮拜天可能每天讀六、七個小時。

陳文茜：你挑選書很特別，有歷史、大國政治、經濟，這些都並不是完全跟半導體有關的事，為什麼？

張忠謀：我大部分的閱讀都是跟半導體無關。禮拜一到禮拜五可以說有三小時是在公司裡閱讀跟半導體有關的書，但在家的三小時就跟半導體無關。

陳文茜：你希望能夠廣泛閱讀，但為什麼特別想閱讀歷史、大國政治？因為現在很多年輕人是閱讀很奇怪的八卦新聞，所以我特別要請教張董事長，為什麼你要閱讀大國政治、歷史和經濟？

張忠謀：老實説，閱讀大國政治是因為我職業的關係。所謂大國，現在不外乎美國、日本、大陸，當然還有台灣本身。

陳文茜：跟你最有關係的政治你也要閱讀，所以你要了解國內的整個政治趨勢和政策方向？

張忠謀：對！所以我一直在聽你的節目。

陳文茜：我今年五十四歲，都覺得我快退休了，可是你五十四歲時，也就是一九八五年，你決定回到台灣，即便我現在都不可能再去冒險，何況你不是台灣長大的孩子，很多人在這個土地裡長大，都未必願意回饋生長的故鄉，你為什麼會願意在你五十四歲時回到台灣發展？如果是二十四歲時我佩服你，三十四歲時我覺得你敢冒險，五十四歲就實在很了不起，而且當時台灣整體嚴重落後美國，薪水也遠不如，你為什麼願意回到台灣？

張忠謀：主要是我認為這是一個挑戰，就是要將工業技術研究院做到世界級的研究機構，變成一個真正能夠幫助，並且推動台灣工業、產業和技術的一個單位，而徐賢修就是以這種挑戰性的方式來說服我。因為那時我已經認識幾位台灣官員，徐賢修還不是我最熟的，我最熟的是李國鼎、孫運璿。認識他們完全是因為我在德州儀器做資深副總裁多年，那時，曾到台灣設立裝配廠，因為這個緣故認識了李國鼎、孫運璿、俞國華和徐賢修，我也知道台灣非常落後，可是至少這幾個人都是位居要職，政府裡的重要官員，他們非常努力推動台灣的經濟和科技，所以台灣那時是很有為的。

陳文茜：有些人可能是歧視現在的年輕人，但也很可能是正確的描述他們，稱他們為草莓族，也就是說他們抗壓性很低，但我後來覺得他們其實有很大的創造力和創意，但問題是他們能不能真正禁得起挑戰？上次有一個年輕人問郭台銘，說他要創業，並介紹他的公司要做什麼，問他會不會有人買他的公司？結果郭台銘當頭棒喝把他罵了一頓，說：「你要創業，我告訴你，我到現在為止，每天都工作十六小時，你有這個精神嗎？我剛開始創業時，是把電話簿當枕頭睡，你有這個精神嗎？如果公司一成立就想賣，我絕對不會買這樣的公司！」現在的年輕人該不該接受像你這樣五十四歲的挑戰，就是勇敢、冒險，不斷追尋自己的夢想？

張忠謀：我想我不會像郭台銘這樣跟年輕人說，創業固然需要非常努力、勤奮工作，可是創業了三十年還要一天到晚每天做十六個小時，不見得需要。我也創業，但我從第一天起就沒有工作十六小時。我也知道有很多美國的創業者，就像臉書創辦人祖克柏（Mark Zuckerberg）也不見得工作十六小時；微軟的比爾．蓋茲也是，所以有各種情況。勤奮的確是非常重要的條件，但也要有膽子，肯冒險，也就是肯賭！

陳文茜：你看起來不像會賭的人，你當時五十四歲回台灣算賭嗎？

張忠謀：表相也許不像是賭，到工業技術研究院我不認為是賭，可是過了幾個禮拜，李國鼎要我創辦一個半導體公司——台積電，這個就是在賭！這是賭我剩下的年華。我那時候五十四歲，就是如你此時，而剩下的年華其實是非常美好的！

我從美國到台灣來的時候，五十四歲，就認為我要做到六十五歲，而五十四到六十五歲的這十一年，會是我最美好的黃金時期。把工研院做到世界級的研究機構，我認為這十一年應該可以做成，能夠推動台灣的產業發展和技術，可以有些成績，可是成功創辦台積電的把握絕對是非常低，一點都不高。

陳文茜：那你為什麼敢賭？

張忠謀：其實李國鼎並沒有一定要我把台積電做成世界級，雖然他是一位很有遠見的政治家，可是也沒說要把台積電做成世界級公司，因為他不懂半導體業，而我懂，我知道在半導體業裡，如果沒有世界競爭力，是不會生存很久的。

陳文茜：你沒有做到 Top，就根本沒有生存空間？

張忠謀：對！就是要當 Top Layer（最高層級）、One of the Top，否則你的生存期不長，我覺得這是我帶到台灣一個最重要的認知。

陳文茜：所以你覺得後來我們的 DRAM 是因為沒有認知到一定要做到世界的 Top，所以生存期才會那麼短嗎？

張忠謀：不只是 DRAM，還有好多別的公司都是如此。

陳文茜：台灣過去雖然很有遠見，可是從來沒有「我要做到世界的 Top Layer」的志向。而你一開始就知道，雖然沒有把握，但台積電一定要做到那裡，要不然就一定失敗？

張忠謀：因為我知道半導體的生態是這樣子，而且德州儀器就是 Top，而台灣可以說很少人知道這一點，甚至可以說沒有人知道，因為好像都沒有朝這個方向做，只有台積電是朝這個方向努力。

陳文茜：大多數各行各業的人都因為身處這個島嶼，世界不理我們，我們也不理世界，所以都沒有培植出國際觀和國際抱負，也就是要做到 Top Layer！除了台積電做到了，你會不會覺得我們普遍有這種現象？

張忠謀：對！我是覺得台灣到現在都還是一個相當封閉的國家，雖然說最近二、三十年來相當國際化了，可是我十四歲到十八歲的上海，可以說比現在的台灣要國際化得多了、開放得多了。

陳文茜：台灣的國際觀以及願意把自己放在世界最前面的願景都不夠，如果比較我們經濟上最大的競爭者韓國、中國大陸，你認為他們現在有這樣的抱負嗎？你對他們的看法如何？

張忠謀：我覺得這兩個國家都是進步的，在經濟、教育和國際化上都進步得很快，也比我們進步得快。二十年前是我們比大陸和韓國要國際化，尤其是大陸，可是他們這二十幾年進步得很快，而且韓國已經比我們國際化了，大陸因為很大，假如是上海和北京甚至比台北要國際化。

陳文茜：現在的年輕人要如何超越這個島嶼給他們的限制？或者如何超越他們自己的限制？你想給他們什麼建議？他們該學習什麼，讓自己可以突破？

張忠謀：我覺得首先是英文，因為最好的報紙、雜誌都是英文的，比方說《經濟學人》（*Economist*），在台灣沒有跟《經濟學人》相當的刊物，也沒有和《華爾街日報》（*The Wall Street Journal*）、《紐約時報》（*New York Times*）相當的雜誌。所以如果要學國外，尤其是西方國家，特別是美國、德國、英國，還是要看英文的雜誌和報紙。

不要說一天閱讀六、七個小時，即使是兩、三小時，至少足足一半的時間應該用在英文學習上。而且這樣你就會開始了解國際，當然你看報紙，主要不是看新聞，新聞中文報紙都有大的新聞，而是要閱讀他們的社論和專欄等等。當然假如有機會、有能力到國外去，不要只是遊山玩水，到國外可以去聽聽學術會議，例如經濟的學術會議，如果有好的外國朋友，就常常談談經濟、政治這類嚴肅的事情，這些都是國際化很重要的管道。

大陸進步得很快，國際化的速度使我非常驚奇，我去MIT、史丹佛，發現他們大部分的華裔學生都是從大陸去的，而不是台灣，那種學生我們也有，可是大陸學生的英文都比台灣學生好！我在念博士時，也有台灣的學生在史丹佛，那時英文都不好，但現在還是如此，可是大陸的學生，英文平均比台灣的學生好，這正是他們國際化進步的一個指標。

「勤奮的確是非常重要的條件，但也要有膽子，肯冒險！」（圖片提供．台積電）

陳文茜：培植自己各方面的能力，當然你因為在美國，所以英文能力各方面都沒有問題，可是我們現在很多年輕人，絕對比你父親那一輩的人幸運太多，前面提到你父親很優秀，但他最後因為誕生在中國，不能早一步，也不能晚一步，早一步他就是胡適，晚一步就可能成為今天中國或台灣非常傑出的財政官員。他最後帶著心愛的兒子，興高采烈的去美國念了一個碩士，但因為年紀太大找不到工作，最後去當雜貨店的老闆。你父親在教養你的過程中，怎麼樣告訴你他的人生遭遇？他是在家裡唉聲嘆氣告訴你，在這個國家、這個社會，白人會歧視我們？還是他不斷的告訴你，人要珍惜自己現在所擁有的機會？

張忠謀：他沒有唉聲嘆氣，因為他認為他在那個悲劇的時代，已經相當幸運了。假如他沒有離開中國，一九四九年一直到一九八〇年，大陸經過許多悲劇，包括文化大革命在內，他雖然覺得自己有志未酬，但他在美國並不是找不到事，他那時念完哥倫比亞商學院，獲得MBA已經是四十七、八歲了，是最老的學生。

畢業後他有兩個工作機會，一個是在很小的大學裡當助理教授，薪水很低，即使是ＭＩＴ的助理教授也只有五千美元的年薪，那時五千美元一年是很低的薪水，但他不想去；另一個工作是在紐約銀行裡當出納員，就是客人來兌換支票，也就把現金給他，那個薪水也不高，也是跟助理教授差不多。而他那時還有一點錢，於是就以這些錢買了一家小雜貨店。

那個雜貨店從一九五五年一直經營到一九七二年，十七年的時光中，頭十年只有一位職員，就是我媽媽，我爸爸負責對外，從買貨、進貨、報稅到和房東交涉都是我爸爸出面，而招待客人、賣東西就是我媽媽。每天從早上九點到下午六、七點，禮拜六也要做，但禮拜天休息。一共做了十七年，可以使他們的生活無慮，我相信他們賺的錢是比我爸爸去當銀行的出納員或助理教授都好。

陳文茜：我們現在很多年輕人都想自己開個小店，你覺得爸爸的選擇是對的嗎？郭台銘批評這些年輕人為什麼整天只想開咖啡店，不想創業！

張忠謀：我想年輕人現在的野心恐怕不只是開個小店了。我爸爸開那個小店就只是為了生活而已。

陳文茜：我們非常多年輕人活在一個很安逸的時代，現在才二十幾歲，卻未必有你的冒險精神，尤其你到了金融海嘯那一年，二〇〇八年，你本來只當董事長，不當CEO，結果那一年你看到金融海嘯，就重掌兵符。也就是將近八十歲的你，還要每天去上班；本來裝潢得很好的房子也沒有時間住了，就隨便在新竹找個房子，太太張淑芬就把她的畫掛一掛，就住進去了。我曾經到新竹看過你們家，我難以想像堂堂台積電董事長自己直接接國外來的訂單，接洽從國外飛來的客戶，這些其實都非常辛苦，你五十四歲還在冒險，到了八十幾歲還重掌兵符，這不只是勤奮，是什麼支撐著你？

張忠謀：主要是當時我認為台積電好像成長停滯了，慢下來了，甚至於如果你看過去十年的歷史，二〇〇〇年固然是有所謂的網路泡沫，尤其是科技業的泡沫化，二〇〇一年泡沫消滅，大家的業績都跌下來，可是二〇〇一年、二〇〇二年、二〇〇三年、二〇〇四年台積電還是成長得相當快。

然而，〇五年、〇六年、〇七年、〇八年、〇九年卻停住了。我覺得台積電還是有成長空間，而且成長空間很大。所以，我是有點所謂的「老馬伏歷，志在千里」，就想自己上前線，也許可以把台積電的成長加快，現在已經三年了，的確是如此，我是從二〇〇九年重上前線，到現在三年的時間，已經成長了差不多四〇%。

陳文茜：三年成長四〇%。

張忠謀：對！我還沒有需要休息，台積電也根本不能休息，我希望未來的三、四年還是跟過去三年一樣成長。

陳文茜：可不可以說即使像台積電這麼大，又是全世界最好的公司之一，只要某個程度沒有憂患意識，它也可能停止成長，有一天被淘汰？

張忠謀：當然，一定。

陳文茜：你說你還不老，還沒要退休，還要持續下去，你要打仗，你這匹老馬要努力到哪一刻？

張忠謀：只要我的健康還允許，我想是不會消失，我還是會繼續。

陳文茜：同樣做為工程師，其實你有好幾位很不錯的幫手，為什麼你一上台，二〇〇九年你可以馬上改變？可以使事情改變得這麼快？

張忠謀：這個不是工程師的問題，是總經理、董事長的位置要有比較廣的知識。要看市場、要看未來的經濟發展，而影響未來的市場發展有許多因素。

陳文茜：有一次，我在一個場合碰到你，好像是去年你的生日，你高枕無憂，因為不管電腦時代是不是會結束，還是 iPad、手機將取代過去的筆記型，筆記型電腦又會何去何從，你都不在乎，因為所有東西都要用到半導體。而且，不管是 Nokia 垮了，還是哪一家起來了，都要用到你的半導體。

張忠謀：對！就是雲端也要用到半導體。我們擔心的絕對不是半導體不被用了，而是競爭者的威脅。

陳文茜：你現在最大的競爭者是誰？三星？

張忠謀：對！

陳文茜：我聽到一個故事，不知道是不是事實，聽說賈伯斯在過世之前，曾經找台積電報價，希望用台積電的半導體，結果你們報了一個價格，然後他拿這個價格去跟三星說，我跟你買，但你把價格砍下來，這是真的嗎？

張忠謀：我想這個故事大概只有三分之一是對的，但是哪三分之一對，我不跟你講。

陳文茜：你現在最大的競爭者是不是三星？還是美國的德州儀器？

張忠謀：二〇〇九年以來，其實我們多了三個競爭者。一個是所謂格羅方德（Global Foundries），一個就是三星；另一個則是間接競爭者 Intel（英特爾）。Intel 跟直接競爭者一樣有威脅力，因為 Intel 是在跟我們的客戶競爭，我們的客戶完全要靠我們的技術和生產，假如我們的技術和生產不能支持我們的客戶跟 Intel 競爭，那就完蛋了，我就沒有客戶了。

陳文茜：所以你要想辦法幫你的客戶打敗 Intel？

張忠謀：對！到現在為止不但還好，我覺得是很好，不過以後到底怎麼樣，當然是以後努力了，Intel 也在努力。

陳文茜：我很關心三星，因為我覺得韓國人老在踢我們後腳。

張忠謀：三星是我們的直接競爭者，我形容 Intel 和三星都是七百磅的大猩猩，他們都非常有實力。就以我們今年的研發經費已經大概高達十三億美元，也就是四百億台幣，當我告訴 MIT 的校長，他非常驚訝，說他們一年的經費全部也不過只有十三億美元左右。但是，假如跟三星比，三星差不多三十億美元，而 Intel 更多，高達五十億美元，就是非常恐怖的大猩猩。但是，我們有一個好處，就是我們的客戶是我們的夥伴，他們完全跟我們站在同一個陣線，所以，如果把我們客戶的 R&D 跟我們的 R&D 加起來，加起來，我們就超過他了。至於三星，因為他也供應給自己，所以也需要把客戶和我們的 R&D 一起加起來跟三星比，七百磅的大猩猩就不那麼恐怖了，但還是相當的可畏！

陳文茜：你曾經害怕過嗎？

張忠謀：害怕倒也不必，而且假如我真的害怕，就不會做。

陳文茜：前面提到的三星，這些企業競爭對很多年輕人來講是很深的，或是離他們很遠，可是張董事長並不是不知道他們的可怕，但你會開始思考，在理性上要怎麼計算，加來加去，我們（的研發經費）其實也差不多，沒什麼好怕。同樣的，歐債危機從二〇一〇年到現在，大家都很緊張，歐元區六月底很可能崩潰，而西班牙和英國已經陷入二次衰退，全歐洲可能都如此，我聽說你只要聽到這種消息，就一笑置之，回家倒頭就睡。為什麼你如此氣定神閒，你明明知道你的對手那麼龐大，知道世道那麼不好，為什麼你可以做到這麼祥和，處理危機不慍不火？

張忠謀：也許是我從小經過很多災難、苦難，小時候逃難，我父親帶我母親和我從上海到重慶，要經過前線，那時前線雖然不打仗，沒有戰事，但還是相當危險的地方。經過前線以後，到了國民黨控制的地方，但是要坐一段火車，經過潼關時，日本人就在對岸，對著火車放砲，大家都非常緊張，而火車是舊火車，政府不願意用新火車，因為知道可能被炸掉，所以舊火車就盡量開快，將燈都熄掉，大概有十到十五分鐘是非常危險的，最後終於闖關成功，燈開了，大家歡呼，這種興奮、這種喜樂，我也經歷過。

陳文茜：那時候你幾歲？

張忠謀：那時我只有十二歲，但終身難忘。在重慶時，也經過轟炸，後來到了上海，就是一九四八年，又逃難到香港，那一段雖然沒有生命危險，但逃難的人很多，船坐太滿，沉掉了，也是滿苦的，從上海到香港雖然不能說是災難，也是有很多挫折。

陳文茜：挫折？

張忠謀：挫折就是你剛剛說我申請兩次MIT，其實不是申請兩次，是兩次考試都考不取MIT博士班。

陳文茜：所以你把挫折當成你的資產，把災難在人生裡留下的刻痕，化做你後來的力量？

張忠謀：的確是，有的挫折是可以懷念的記憶，像闖潼關是一個可以懷念的記憶；有的是可以學習的，比方說兩次考試考不取，這是可以學習的挫折。

陳文茜：現在年輕人所活的時代不是災難的時代，不是在敍利亞，不是在希臘，現在年輕人的生活平凡，但他的不幸可能也在於他的安逸，安逸的生活就欠缺你那一代的歷練。你父親是被犧牲的一代，可是你的時代歷練了你，淬鍊了你，有貧窮、有挫折、有苦難、有災難，你存活過來，可是他們不可能有這樣的經歷，就像你的女兒或是更年輕的人，你會給他們什麼樣的建議？他們應該勇敢去闖關，去史瓦濟蘭，去世界很多非常危險的地方做志工？去認真看待世界其他地方的工作，以志工來歷練自己，變成一個不平凡的人？還是建議他們就安逸的在台灣念完大學，進入台積電上班？兩種孩子你會選哪一個？

張忠謀：我覺得這完全看每一個人的興趣，你先要知道自己要什麼。現在這個世界比我年輕時的選擇要多，正如你所說，我那時闖潼關是不得已，不是我的選擇，可是現在如果你想冒這種險，可以到敍利亞去！甚至可以到以色列，以色列我相信有問題，他如果攻打伊朗，問題會更大，因為也會被伊朗攻打。所以，這個區域也是一個不安定的區域！你可以去那種地方歷練，可是，我想絕大部分的人都不會想去那種地方。

當然也可以去像美國和平軍，或是非洲服務，這種機會一定有，不過我相信絕大部分的年輕人都不會要做這種事情，希望在一個比較安定的社會，就像你所說的，到台積電去做事，雖然比較安定，可是絕對不會沒有挫折、沒有奮鬥，我就在台積電工作，現在挫折、苦難其實多得很，而我的同仁也分擔著我的挫折和苦難。

陳文茜：你的挫折是什麼？以你現在的年齡、地位，你現在的挫折是什麼？就是那三分之一你不想講的故事嗎？我的記憶力還不錯！

張忠謀：假如你剛剛講賈伯斯的故事是正確的，就是我的挫折了！我幾乎每個禮拜都有這種挫折。此外，你提到歐元的匯率，而沒提台幣的匯率，台幣的匯率假如升值，對我們的出口非常不利。

陳文茜：韓國每一次在整個世界經濟變動時，央行對匯率就政策性的快速反應？可是台灣相對落後？

張忠謀：是，所以我每天看匯率，但倒不是看歐元的匯率，而是台幣的匯率。

陳文茜：你每天要看匯率？因為它對你的市場影響太大，所以你對央行有很大的抱怨？

張忠謀：No、No、No！我不對任何人抱怨。

陳文茜：張董事長溫文儒雅，可是你每天得盯著匯率看，因為這比你去發明產品影響還大，可能談好一個大訂單，而幾個匯率的變動就完全消耗掉了？

張忠謀：對！我們談的價錢都是以美元來算的，而且往往是談好三年以後的價錢，三年以後客戶會不會給我們訂單不確定，可是我們先要跟他穩住價錢。

陳文茜：二〇〇八年金融海嘯時，台幣有一度貶值到三十三塊錢，現在升值到二十九塊錢，對你衝擊也很大吧？

張忠謀：那是一%的匯率戰爭，因為每一%等於貶掉我們四%的利潤，比如說從三十三到三十是升值一〇%，就造成我們利潤減掉了四%。因為我們的淨利是三〇%左右，所以四%就也不過是從三十變成二十六，可是對很多出口業，他們淨利連四%都沒有，那就糟糕了。我們當然不願意做這種只賺幾個百分比的生意，這也是台積電的一個挑戰。

陳文茜：張董事長剛剛談了很多，我們從他身上學到幾個部分，第一，他每天看匯率，緊盯著匯率；第二，他永遠在閱讀國際各種不同的雜誌，當然也包括他自己的專業領域，還要經常看那兩個大猩猩到底在做什麼東西，以他現在的地位、年齡，已經得到這個領域最高的諾貝爾獎，他還要去和客戶談訂單，並且每個禮拜都有挫折，我想問面對挫折，你回家會做什麼？抱太太哭？聽蕭邦？看一本書？還是喝酒倒頭就睡？

張忠謀：讀書、聽聽蕭邦、莫札特，莫札特跟蕭邦都是比較能夠安定我的心。我早上喜歡聽巴哈，下午喜歡聽貝多芬、馬勒。

陳文茜：因為你需要工作振奮？

張忠謀：晚上比較喜歡聽蕭邦、莫札特。

（二〇一二年五月十八日）

青年提問

提問　現在全球不只是歐債危機，還有助學貸款的狀況，台灣的學子如果畢業之後，就擁有這麼龐大的學貸，可不可以請張董事長給我們年輕人一個正確的理財觀念？

張忠謀：助學貸款就是在學生時借錢，但以後要還。所以，你在大學一定要學會謀生技能，假如在大學有一個謀生技能，將來出去做事，就有不錯的待遇，助學貸款也就可以慢慢還掉了。

怎麼理財，老實說我對理財其實一點都不專門，我主要的理財方式就是買自己公司的股票，不只是台積電，過去在德州儀器時，也是如此。我一開始買德州儀器股票時，才是公司中層的經理，可是後來升到公司最高層，知道公司狀況怎麼樣，了解公司做得好不好，所以也相當放心，結果也的確不錯，台積電也是如此，結果是不錯。

提問：請問您會鼓勵台灣的學生畢業之後到國外去闖蕩一回，然後再回來？還是繼續在台灣積累經驗和人脈，求得晉升和發展？

張忠謀：我覺得應該到國外去，但是當然也看你到國外什麼地方去，假如是到國外去念碩士、博士，就要看你到什麼學校，不好的學校或是平庸的學校絕對不值得去！而到國外去做事，也要看是什麼樣的工作，什麼樣的公司，假如是好的學校或好的公司、值得做的事，我絕對贊成大學畢業的學生先到國外有點經驗。

陳文茜：你會鼓勵學生到三星去，然後在三星練足一身武功，偷足他們的祕密，然後回來效忠台積電嗎？

張忠謀：這個我也會鼓勵。

提問：您剛提到國際化的速度，台灣其實已經相對落後其他國際競爭體，還有經濟的競爭體，我是資訊系的學生，目前學校教的東西已經落後於美國大學，在這樣的狀況下，我們前往職場工作時，對於國際上以及資訊的銜接落差該怎麼辦？我們有沒有機會前往其他的競爭體？

張忠謀：一個國家的競爭力最要倚賴的就是國家的人才、人力，人才是人力裡精英的一部分，因為技術可以移轉，投資也很快可以移轉，只要電腦按一個鈕，資金就跑過來了，可是人力，非常難移轉，一個國家的人民要跑到國外去生活、就業，是很少的，外國人跑到台灣就業、生活，也是很少的，所以一個國家總是要靠自己的人才、人力，如果我們的大學教育落後，那就是台灣競爭力最應該擔憂的事了。

陳文茜：有沒有什麼補足的方式？比如說像開放式的課程？

張忠謀：開放式課程也好，事實上，台灣三、四個最好的大學，這二十幾年來確實有進步。可是，二十幾年以前台灣的大學只有三、四十家，現在卻有一百五、六十家，大學畢業生多如過江之鯽，所以大學畢業生的平均水準，比二十幾年前要低。

競爭力是要跟別國比，而國外的教育人才，尤其是韓國，大陸、香港，還有新加坡，我覺得都比台灣要快一點。如果跟美國比，美國進步也不是那麼快，但如果是跟韓國、大陸、香港比，我覺得這二十幾年來，我們的競爭力是有點退步。

提問 您認為相較於台灣其他周邊鄰國，台灣專業人才有沒有出現貶值的現象？也就是專業愈來愈不值錢？我們國家對人才也愈來愈不重視？

張忠謀：我不相信會如此，國家、企業、經濟最需要的還是人才，如果一個國家愈來愈不重視人才，或是人才愈來愈貶值，這是自己走向滅亡之路，我不相信會如此。

提問 貴公司為什麼幾乎不錄取私立學校？因為美國一些好大學都是私立學校，但是，為什麼唯獨我們台灣的私立學校並沒有受到很多人的關愛？

張忠謀：我對申請工作的人從什麼大學來，一點都不在乎，但台積電幾乎九〇％的主管都在乎，我覺得這個不見得對，雖然我每個月至少告訴他們一次，我在美國做事時，發現很多從小的大學畢業的人，能力比從大的大學畢業的人更好！例如，跟我同時到德州儀器工作的傑克・基爾比（Jack Kilby），後來發明了積體電路，獲得諾貝爾獎，就是從小學校畢業的！又例如，Intel 的創辦人諾宜斯（Robert Noyce），也是畢業於地方大學。

德州儀器那時，其實根本僱不到大學校畢業的人，因為它在德州這個偏遠的地方，那裡沒有一流大學。他僱ＭＩＴ畢業的我，高興得不得了。德州儀器當時的員工幾乎都是從比較小的大學畢業的學生，但我覺得他們能力都不錯，而台灣的確有這種學歷文化，如果說台灣哪裡封閉，這種習慣和文化，就是封閉。另外，我在美國沒有聽過什麼草莓族，我覺得這就是不夠國際化的現象，有許多語言，只有台灣在用，這個也是封閉。

提問

現在的電子科技產業多半趨向軟硬體結合，這樣的趨勢還在持續成長，所以想請教您對於像台積電這種硬體實力雄厚的產業，應該如何因應將來的軟硬結合趨勢？

張忠謀：現在似乎是軟體掛帥，台積電這樣的硬體公司是不是還有什麼前途？的確，自從微軟開始，軟體業就非常蓬勃發展，但在台灣從事軟體有它的限制，因為內需市場太小，而大陸已經發展起社交網路，也就是跟臉書差不多的社交網路，因為他們的市場大，而臉書是在哈佛大學發展起來，假如是只侷限在哈佛大學，那就只是很小的事業，但他後來發展成功，是因為美國市場大，才能變成現在這樣。

至於硬體，台積電不只是硬體公司，我們擁有非常基本的技術，就是半導體ＩＣ技術，這是到處都需要的技術，軟體需要，雲端也需要，現在從電腦、iPad到智慧型手機，都避免不了用到半導體。所以，有的硬體的確會衰退，可是半導體技術，也就是台積電在的行業，是不會衰退的。

陳文茜：你曾經說，經營企業讓你最自豪的，不是每個人都要用到台積電的半導體，而是台積電的企業文化。我聽了很驚訝，因為我們以為的文化，是掛在牆上的藝術品，是蕭邦的樂曲，是一種小說，是一種表演型式，但你講的台積電文化是「正派經營的企業文化」。正派經營這件事情為什麼對你這麼重要？

張忠謀：台積電的文化主要是一種價值，這些價值總括起來就是正派經營，具體來說，台積電的價值有三個，第一個是誠信—Integrity；第二個是承諾—Commitment；第三個是創新—Innovation。

陳文茜：為什麼把誠信擺第一？因為對公司來講最有價值的應該是創新？

張忠謀：誠信太重要了，就是代表一個公司的品格。你看一個人，要跟一個人交往，不但看他的能力，還要看他的品格，品格不好的人，既不可交，也不可用。

陳文茜：為什麼誠信落實在一個商業模式裡那麼重要？品格落實在台積電裡那麼重要？

張忠謀：這幾個價值都是我把它建立起來的，假如沒有誠信，一個人做人會快樂嗎？假如一天到晚都是在爾虞我詐的環境裡，會快樂嗎？我覺得不會，我們絕大部分的同仁也同意這樣的理念，當然我們也期待跟我們一起合作的人也是誠信的，這樣子我們的人生才會快樂。

陳文茜：對你們那個時代的人而言，最重要的信念是什麼？

張忠謀：對我們這一代，國家的確是比現在的人重要許多，這幾十年以來，國家觀念幾乎在世界所有地方都淡了許多，除了幾個國家例外，像以色列這些中東國家。但是，我們那一代的信仰，絕對不只有愛國，誠信也是很強的一個信仰，還有投入，也就是承諾，包括對家庭、對企業、對事業的承諾，這也是我們那一代的重要觀念。

張忠謀

術道兼具，亦俠亦溫文，大時代的創新者。

郭台銘：我的字典沒有安逸兩個字

□我一年三百六十五天，大概有將近兩百天在外面跑，就是為了今年上半年的訂單，為了將來做下一波的布局，將來命運不在我們手上，在年輕人的手上，因為年輕人不僅充滿了活力，也有豐富的學養，如果你們對未來茫然無知，那這個社會、國家就會出問題。

□我這輩子沒有好的家世背景，也沒有機會到台大或大學念書，在經過很多的人生起伏轉折後，覺得大家一定要抓住現在，勇敢面對未來，尤其是在不景氣的現在更是如此。現在很多年輕人結婚就想買房子，但我記得我一九七四年創業，到了一九八幾年才分期付款買了第一棟房子，那時我兒子已經出生了，當時我就住在來來酒店的後面，也是結婚十年才買第一棟房子。

□經濟景不景氣固然是問題，但你們有沒有信心，如何看待自己的未來，才是重點。

□年輕人應該在年輕時，努力找好工作，盡全力衝刺，用學到的基礎實務去做實業，不要務虛，但任何的經驗都要和知識匹配，知識只是告訴你怎麼思考，而經驗則是告訴你怎麼判斷。

高希均：我的字典中只有奮鬥

□ 今天台灣人民自我感覺非常不好，非常缺乏自信，深深覺得台灣好像是在水深火熱之中，對這種悲觀現象，我深不以為然。

□ 「失落的一代」這個名詞好像很羅曼蒂克，但並不精確，這一代的年輕人，不是失落，是被慣壞了，需要全力奮鬥。我們台灣應當在世界上被肯定，你們走出去時，應當要抬頭挺胸。

□ 我也希望政治人物能創造更廣大的空間，更公平的機會，讓年輕一代有機會走出去，參與世界，將你們的人生舞台、學習經驗、才華，不設限於台灣，而是以全世界為舞台。

□ 年輕人如果跟我說找不到工作，我不會馬上同情你，反而要問你三個問題。第一，是你到底有沒有認真學習？第二，是你到底有沒有專業技能？第三，是你到底有沒有工作熱情？三個都有了，一定找到工作。

陳文茜：郭董事長你在全世界跑，很了解現在全球經濟的困難，年輕人要如何殺出人生一條血路？

郭台銘：我不是學者，不適合談一些數據，但是，我們搞工業的人，對於經濟現況，「應該是春江水暖鴨先知」，我一年三百六十五天，大概有將近兩百天在外面跑，就是為了今年上半年的訂單，過去都是為了下半年的訂單，現在是為了將來做下一波的布局，當然還有為世界各地一百一十萬名員工要開始動員月會、尾牙，所以我深深感受到現在年輕人最需要了解什麼。其實將來命運不在我們手上，在年輕人的手上，因為年輕人不僅充滿了活力，也有豐富的學養，如果你們對未來茫然無知，那這個社會、國家就會出問題。經濟景不景氣固然是問題，但你們有沒有信心，如何看待自己的未來，才是重點。

二〇一一年，我們公司占整個大陸出口的四．九%，今年的內部目標還要突破，雖然真的是非常困難，但我們想盡各種辦法開源、節流，但不裁員，我們全球一百一十萬名員工不但沒有無薪假，而且還在加班。在大陸上，各省市的領導者都將經濟的敏感度當做政治責任的一部分，對於人民和年輕人能否有更多的工作和就業機會，所付出的努力都是有目共睹的，因為我也都參與其中。現在任何一個領導人，都面臨如何給年輕人更多就業機會的問題，這是全世界皆然，不論美國、歐洲都一樣。所以，我想跟年輕人說，現在是最關鍵的時刻，究竟要選擇穩定，還是改變。

我們公司也做了兩、三套方案以因應目前可能的變局，對我們來講，二〇一二年以後，經濟確實有太多的不確定性，唯一能確定的是衰退。過去你問九十九個人，也許有六十個人說可能會衰退，但今天問九十九個人，九十九個人都對二〇一二年的經濟不敢有任何樂觀，認為未來一片光明。大家都變得保守，而只要大家採取守勢，經濟就活絡不起來，更何況經濟有很多結構性的問題，所以，二〇一二年確實是非常挑戰的一年。

人生走了這麼多年，我在一九七四年創業，從沒有碰過像最近的經濟景況，這次並不是單一事情引起，而是所有問題都連貫起來，而且每個連貫的背後，又有很多的可能性和不連貫性，造成年輕人或經濟情勢有很大的危機。我們公司已經在幾個月前就開始「打三呆、處三閒」，三呆就是呆滯的資產、設備、廠房，這些全部要打掉；閒置的資產或部門也要處理，任何貨只要超過兩天賣不出去，就停止進貨。也就是說，所有的人現在都把腳踩在煞車上，而不是油門，當然隨時也要準備踩油門。

陳文茜：請教郭董事長，你剛才特別告訴年輕人你從一九七四年創業到現在，全球員工有一百一十萬人，在中國大陸、巴西、東歐、越南都有設廠，但是你沒有看過比這次更可怕的金融海嘯以及歐洲的衰退？

郭台銘：可以這樣說。

陳文茜：但你們仍然需要人才，只是年輕人在面對這樣前所未有的經濟衰退，必須對自己的人生做出足夠的準備！我們都知道你之前經過富士康非常重要的危機，這恐怕是你人生裡最大一次的摔跤吧？

郭台銘：不是，我還有更大的摔跤，就是我太太和弟弟的去世，這是我人生中最大的兩個打擊。

陳文茜：那第三個打擊就是前一陣子富士康事件？聽說你那時在富士康鐵皮屋裡的

行軍床睡了兩個多月，你那麼有錢，為什麼要過這樣的苦日子？很多年輕人知道他將來要過苦日子，但是你貴為首富，為什麼還要躺在行軍床、鐵皮屋裡，讓你的企業重新站起來？

郭台銘：富士康事件可以說是我人生第三個打擊。那時，我睡行軍床不是兩個多月，是三個多月。人生要面對太多的未知和不確定，前一刻、後一刻的情勢可能都不一樣。記得我弟弟發病是在正月初一，原本我跟他約好去拜拜，因為我們每年都會去板橋的媽祖廟，拜完以後再和我兒子一起到鴻禧山莊打球，我弟弟說他很不舒服，不想去，結果我跟我兒子打完球就接到要我們趕到馬偕醫院的電話，那時我心裡就有預感，從那之後的一年半我都是在處理弟弟的病，而弟弟和太太兩個人最後都是我親手將他們冰冷的身體抱進棺材。我想人生經過這兩次的經歷，面對任何恐懼，都不會有什麼害怕了，因為最恐懼、最悲傷的就是摯愛的離去。

所以，後來發生員工自殺事件，我們十天不到就築起了一百五十萬平方米的天羅地網，請所有全世界的專家協助。深圳廠區有四十七萬名員工，超過彰化市和基隆市的人口，都是二十三歲到二十五歲的年輕員工，發現都是感情因素，後來發現當初給家屬一筆豐富的撫卹金是個關鍵錯誤，當然經營者的我必須負起責任。

我這輩子沒有好的家世背景，也沒有機會到台大或大學念書，在經過很多的人生起伏轉折後，覺得大家一定要抓住現在，勇敢面對未來，尤其是在不景氣的現在更是如此。現在很多年輕人結婚就想買房子，但我記得我一九七四年創業，到了一九八幾年才分期付款買了第一棟房子，那時我兒子已經出生了，當時我就住在來來酒店的後面，也是結婚十年才買第一棟房子。

年輕人應該在年輕時，努力找好工作，盡全力衝刺，用學到的基礎實務去做實業，不要務虛，要務實，到工廠也好，到廠房生產也好，哪怕下田耕種，年紀輕可塑性還很強，但任何的經驗都要和知識匹配，知識只是告訴你怎麼思考，而經驗則是告訴你怎麼判斷。英文有一句話：「No experience, no judgement.」，也就是沒有經驗就沒有判斷，年紀輕時，多犯一些錯誤，多去學一些失敗經驗，不是只有成功經驗，這樣將來就可以做出更多的判斷，對你將來的人生，絕對有愈大的幫助。

陳文茜：我們都知道金融海嘯對年輕人影響很大，我們電視台的記者，去英國一所很棒的學校伯明罕大學訪問一位建築系畢業生，他只能找到賣冰淇淋的工作；再去愛爾蘭三一學院，也就是王爾德畢業的學校，聚集了全英國最聰明的頭腦、最好的學生，我們訪問一位女學生，她在賣鞋子，他的男朋友則在肉舖裡切肉，也就是很多年輕人都找不到工作。在美國，很多人雖然都可以找到工作，但都沒有薪水，所以現在不是年輕人優不優秀的問題，而是這個時代太對不起他們，很多年輕人在大學就打工，結果畢業時，找到的工作並不是可以發揮專長的工作。

因為他們面對的是百年一遇的金融海嘯，他們沒有犯任何錯，犯錯的是華爾街，是過去領太多退休年金的歐洲人，是開太多支票的歐洲政客！年輕人如果將來工作找得不順利，薪水太少，是時代對不起你們，世界對不起你們。但是，賈伯斯的父母對不起他，一生下來就遺棄他，他還是靠自己闖出他的故事，走出了二十一世紀人類最了不起的一條路，所以，想請問高教授想給現在年輕人什麼樣的建議？

高希均：我們《遠見》雜誌幾年前做了一個調查，問外商公司最佩服的三位台灣企業家，調查結果第一名是王永慶先生，第二名是郭台銘先生，第三位是張忠謀先生，我很高興台灣大學出了很多人才，但是沒有出大企業家。

陳文茜：第一名的學歷最低，第二、第三名學歷依次愈來愈高。

高希均：是的，而且，張忠謀先生的模式是一般人學不到的，因為他高中畢業後第一個學校是哈佛，念了一年到MIT（麻省理工學院）大學部和研究所，拿了碩士出來找事，最後拿到史丹佛的博士，那三個學校一般人連一個都很難進去，何況是進了三個，所以那個模式是可望而不可及，還不如退而求其次，以郭董事長的模式為典範。

郭董事長比我小很多歲，他的成功是奮鬥努力來的，我自己是個眷村長大的小孩，一九四九年，十三歲從大陸到台灣，在台灣念十年書，一九五八年畢業，很幸運的，那個年代申請獎學金相對容易，所以我們那一代的年輕人有機會到國外念書，於是我就在國外念書、教書一段很長的時間。

你們可能不相信，一九五四年我考大學時，台灣只有一所大學，叫台灣大學，另外三所，一個是台北的師範學院，一個是台中的農學院，也就是我考上的學校，另一所則是台南工學院。但今天，我們有一百六十所大學，但我四年前在台大畢業典禮講話時，那年台大的畢業生有八千八百位，而且裡面有一半是碩士和博士生，那一年博士生將近四百五十位，碩士畢業生則有三千三百位，所以你不能想像在那過去五十年裡，台灣在各方面都大幅進步，也包括教育的進步，可是另外一方面，我們也面臨很多挑戰。

如果問我為什麼今天台灣人民自我感覺非常不好，非常缺乏自信，深深覺得台灣好像是在水深火熱之中，對這種悲觀現象，我深不以為然。看看台灣的痛苦指數就知道。我是念經濟學的，痛苦指數很簡單，就是一九七〇年美國一位很有名的經濟學家歐肯（Arthur Okun）提出來的，他說一個社會如果失業率、通貨膨脹率很高，就非常痛苦，而兩個加起來就叫痛苦指數。當年提出來時，剛好美國總統卡特（Jimmy Carter）準備競選連任，而雷根（Ronald Reagan）是共和黨候選人，要挑戰他，就用這個數字說：「你看卡特做了四年美國總統，這兩個數字加起來是二一%，在美國歷史上，很少失業率加通貨膨脹率是二一%！」所以，那一年卡特就輸掉了。雷根也說過一句很有名的話，大家都聽過，就是「Are you better of now than you were 4 years ago?」雷根用這句話告訴選民，不要卡特，我們比四年以前差得太多，所以雷根起來了。

再來看英國《經濟學人》最新的資料，全世界有一百九十五個國家左右，第一名是日本，它通膨最少，因為它的失業率四%，台灣的失業率四・三%，覺得幾乎不能忍受了，如果我說這不嚴重，大家會說我自我感覺良好，但我們的通貨膨脹率是一・六%，兩個加起來是五・九%，台灣的痛苦指數是全世界第二少。兩個月以前，《經濟日報》請了三位諾貝爾獎得主，他們都是因為研究失業、就業問題，在二〇一〇年同時得諾貝爾獎。我有機會跟他們見面，就問這三位諾貝爾獎得主，並且讓他們看這張表，問他們你會不會覺得訝異，台灣的痛苦指數是全世界第二低。他看了之後當然說非常了不起，但他說你若再試著把「經濟成長率」和「失業率」比較，結果也許會有一點不一樣。後來我就算了一下。加完之後，很驚人，台灣竟然是第一名，本來第二名就變成第一名，我就將這個指數換個名字叫莫爾森指數（Mortensen Index），因為是這位諾貝爾獎得主建議我做的。

所以，就總體經濟指標而言，台灣何其幸運，台灣痛苦指數是全世界最低的一個國家，而且即使把經濟成長率算在裡面，我們就更好了，在過去五十年以來，我們幾乎難以想像，在一百九十五個國家裡，有五個國家成長最快，而這五個裡的四個，就是我們最熟悉的四小龍：台灣、新加坡、香港、南韓，這四個國家在過去五十年裡是一百九十五個國家中最長期成長，最近二十年增加了中國大陸，勉強可以再加印度、巴西，這七個國家在過去半世紀裡，創造了很多經濟上的成就。

所以，在座的每一位年輕朋友或中年人，應當十分驕傲，是當年八百萬的台灣居民所為，今天也有兩千三百萬居民，締造這些功勞，初期有政府、美援，可是今天，過去的二、三十年，民間企業卻扮演了最大的角色。如果今天郭董事長出現G8、G20這些世界性的場合，談他明年要在哪裡投資、發展，有什麼新產品，影響全世界，這個影響力是難以想像的，因為郭董事長集團的營收，已經超過三兆元，這個天文數字卻是他憑自己的本事，一己的力量成就的，不像中國大陸，是國家的力量在背後支持國營企業、民營企業。他只是一個海專的畢業生，一九七四年開始創業，十年後買第一棟房子，所以他的故事絕對可以學習。

陳文茜：我們需要一個環境，讓年輕人可以踏出社會的第一步，但是，最先決的一項條件，就是必須要有一個穩定的經濟大環境。我今天就叫製作單位特別找出台灣市值五十塊錢以上的公司，算看看哪幾家和大陸兩岸關係沒有關聯，我發現九三％都有關聯，而且這些都不是以大陸的內需市場為主，不是旺旺、不是康師傅、不是統一，甚至不是捷安特，為什麼？因為他們都是在大陸直接設廠。現在有一個說法，認為年輕人之所以沒有工作，是因為我們太依賴大陸市場，我要特別請教兩位，這是事實嗎？我們真的那麼依賴大陸市場？是大陸人偷走我們年輕人的工作嗎？

郭台銘：其實現在全世界的經濟情勢大家都了解，歐洲不能說樂觀，因為無法樂觀，也不曉得怎麼悲觀，因為看不到底。大陸本身不但是工廠，也是市場，這是不爭的事實，再加上中國人比較勤奮，所以台灣的企業今天要完全跟大陸切割非常困難，因為它有充沛的人力資源，我們每年在台灣招收新幹班，在大陸找五千位大學畢業生，受訓後再分發到各省，比較之後發現，台灣年輕人思想比較開放，敢衝撞體制，對於未來也抱有比較平衡的想法，就是認為只要努力，就會有成果，可是，大陸過去因為封閉，所以很苦幹，兩者的精神如果能調適，就是我們最想要的幹部。也就是說最被

「沒有經驗就沒有判斷，年紀輕時，多犯一些錯誤，多去學一些失敗經驗，不是只有成功經驗，這樣將來就可以做出更多的判斷，對你將來的人生，絕對有愈大的幫助。」（圖片提供・鴻海集團）

需要的人才，是有國際視野、開放心胸、追求自由的心態，同時能夠努力、勤奮，現在的大陸年輕人好像迷失了一點，會希望一步登天，所以兩邊人才各有優劣、各有千秋，如果結合起來，我相信會是很好的特質。

至於在台灣的企業，甚至台灣的將來，是不是可以沒有大陸這塊市場或資源，我想不管做任何行業，哪怕是文創產業、創新產業，都必須了解大陸的人才、市場，在你打國際競爭時，這是不可或缺最重要的資源。我們現在全球有一百一十幾萬名員工，在台灣有一萬多名工程師，光鴻海就有九千多位工程師級的員工，其中五百八十幾位是台大人，現在大概都是中高階主管，可是如果我們沒有這一百多萬名員工，這五百多位台大人可能沒辦法設計出這麼好的產品，因為他們也是從製造過來，必須到工作現場，不可能把工作現場丟出去，當然自動化是我們可以丟出去，可是畢竟還有很多作業員、全技員，品管員不會聘雇大學生，雖然也可以把這些交出去，但這是工廠世界化的基礎，當有這麼大的基礎，工程師就可以像落磚一樣，坐在中上階層，專心致力於訂單的掌握、產品的設計、材料的開發以及新技術的研究。

陳文茜：郭董事長，你有一百多萬員工，有人認為台灣企業家把所有的風險都集中在中國大陸，應該分散市場到所謂的VIP，也就是越南、印尼、菲律賓，而這些人宣稱二〇一三年中國即將崩潰，你有什麼看法？

郭台銘：我在印度、越南有設廠，最近也在看印尼，但是，發覺這些國家有一定的限制，甚至我的客戶都一直問我，例如，幾年前沃爾瑪的採購長去中國，曾經告訴我，他的老闆讓他擔任沃爾瑪的全球採購，叫他到香港、中國，把總部設在深圳，給他的第一個任務不是叫他去多買中國的東西，而是叫他怎麼分散採購來源，這大概是六、七年前的事，他就想辦法，把家擺在香港，人住在深圳，可是他告訴我：「老郭，我花很多時間在印度、越南、印尼，分散所有沃爾瑪採購的來源，在印度、泰國有些成果，只是都是象牙雕塑的東西，有文化傳統的東西非得跟印度買不可，但其他都買不到。」所以，最後五年要離開時，他並沒有達成老闆交給他的任務，而且採購愈來愈集中，這也是全世界現在航空業面臨的問題，出口出去，回來都沒有貨裝，最多買些半導體設備、晶圓，但都是坐飛機，船都是空櫃子。再舉個例子，我到巴西、捷克，甚至很多地方投資，發現來找我們的不是台灣當地的代表，而是對方的代表。什麼叫政治替經濟服務，就是我們到日本或任何地方投資，台灣當地的代表要來拜訪了解我們，立法院的同仁並沒有時間思考今天哪一個單位要來投資，應該接待他，但政治必須替經濟和年輕人服務。

高希均：「失落的一代」這個名詞好像很羅曼蒂克，但並不精確，這一代的年輕人，不是失落，是被慣壞了，需要全力奮鬥。我們台灣應當在世界上被肯定，你們走出去時，應當要抬頭挺胸。在二〇一二年，英國《經濟學人》預測我們只有兩萬兩千美金，二〇一一年大概是兩萬出頭一點，二〇一二年兩萬兩千美金，關鍵是經過所謂購買力調整之後，中華民國是四萬三千美元，而德國、英國、法國、日本，沒有經過調整的當然比我們高，可是因為他們價格太高，我們台灣的價格相對比較合理、比較低，所以經過調整之後，我們台灣四萬三千美金，因此，我們的實際GDP經過調整之後，確實高過了德國、英國、法國和日本。

陳文茜：高教授，這會不會因為是平均了你們這些老人的所得，而年輕人很窮？

高希均：所以，為什麼我們中華民國的護照今天到歐洲可以免簽證，以及為什麼我們希望能夠在二〇一二年的秋天到美國不需要簽證，原因是我們的購買力很強。一九七一年，我在美國教書，學校派我到哥本哈根，我和內人、兩個孩子當然是帶中華民國護照，你在丹麥教書，開車或坐火車幾個小時就到了德國、法國，但是有簽證問題，我在教書、上課、做研究，我內人一天到晚拿著護照到處去簽證，又要等兩個禮拜，附上機票、旅館的證明，那時你就會發現不僅弱國沒有外交，而且弱國根本沒有辦法旅行，非常痛苦。可是今天你拿了中華民國的護照，居然可以到一百二十四個國家，這真是了不起！

陳文茜：現在問題不在這，而是要把餅做大的同時，有人告訴你，這種行為叫做賣台行為怎麼辦？

高希均：胡錦濤、溫家寶說，當一個國家有一些經濟成就時，對國家很重要，可是到了中國，被十三億人口一除，就變得微不足道；小國有的一些問題，到了中國，十三億人口一乘，也會變得不可收拾。但是你們不要把我們中國的市場去掉，不能夠排除，你們要把中國市場加進去，因為我們有市場、有潛力，中國歡迎你們來投資，這就是大陸說的「加減乘除」。在這個情況之下，我相信郭董事長走遍世界，最後選擇了那些地方去投資。我一輩子教經濟學，相信的不是政府的智慧，而是企業家的判斷，以及人民的努力。至於誰應當對你的失業負責任？誰應當決定你們的前途？你們要相信我，不是政府，政府應該不要插手，要自己決定自己的前途，不要政府告訴你該到哪裡去。年輕人如果跟我說找不到工作，我不會馬上同情你，反而要問你三個問題。第一，是你到底有沒有認真學習？第二，是你到底有沒有專業技能？第三，是你到底有沒有工作熱情？三個都有了，一定找到工作，一定可以在郭董底下做事，而且不是台大畢業的，他可能更喜歡。

郭台銘：我在四十歲以前幾乎沒有投過票，雖然我父親是國民黨，而我那時也是。但年輕人沒有叛逆是不對的，因為年輕人本來對現實就抱持理想主義，充滿憧憬，我也一樣。可是現在我們老中青三代站在這裡，想要強調的是，如果任何當權者要選上總統，就要努力做到三件事情，第一，一定要擴大年輕人的就業機會，也許政府沒有百分之百的責任，但是怎麼擴大就業機會，政府一定要想辦法做大這個派，當然找不到工作是年輕人自己的選擇；第二，一定要想辦法維持兩岸和平穩定以及經濟合作，尤其是年輕人可以彼此競爭，也可以互相學習，因為對我們來講，在進行國際化的過程中，這是很必然的機會，所以，一定要和大陸維持可以發展商貿關係的穩定局勢。第三則是產業結構的調整。

（二〇一二年一月十日）

青年提問

提問

我想要創業，雖然我沒有很好的家庭背景，但很想挑戰這個世界，不過我們看到中小企業有一直下降的趨勢，例如，根據一個雜誌的調查，新創的企業根本活不過五年，活過五年的機會很少，像郭董事長也常常買別人的公司，所以，幾乎很多公司創立之後馬上就被買走，而我們也不可能再回到像廣達創業那個時代，也就是自己在實驗室拼筆記型電腦，所以，郭董事長對於青年創業以及再度挑戰世界，有什麼樣的看法？

郭台銘：我前兩天還在跟很多年輕幹部說我這三個月平均每天工作十六個小時，我已經創業將近四十年了，我最喜歡打高爾夫球，但我已經兩、三個禮拜沒打球了。這兩天我每天平均工作十四到十六小時，我想請問你一天工作幾個小時，有沒有禮拜六、禮拜天？我是三十號從台北飛到海南，再到海口開會，然後晚上再坐飛機到三亞，進旅館飯店正好抱我女兒到花園裡放鞭炮，因為只差五分鐘就晚上十二點，要慶祝過年。

我這樣工作四十年了，我想請問你要創業，有沒有準備好？第二就是我在年輕時，也就是創業的前三到五年，我在工廠就拿兩個板凳當床，電話簿當我的枕頭，一睡可以睡三天，就在工廠裡，你創業有沒有這個心理準備，這是很重要的一個條件。至於任何時代，都會有創業成功的案例，創業後也不要想著公司被別人買走，要像自己生的孩子一樣，永遠都是你的，如果創業的目的是為了賣給別人，這樣的公司我不會買。因為它的血統不純正，裡面沒有抗衰老和創新基因。

提問　面對現在的大環境，創新和設計對台灣代工產業重要嗎？

郭台銘：文茜說我們是代工廠，我們曾經是，但那是因為沒有更好的名稱稱呼我們，應該說我們沒有品牌，可是世界主要的品牌都是出於我們之手，例如聖誕節熱賣的十種商品中，我們已經連續六年包辦了六到七項，而且我們不是只有從事組裝，主要的零組件垂直整合都是我們的事業範疇。從設計到組裝測試都與客戶一起完成，並參與設計定稿，所以，每個產品都跟客戶一起創新，因為我們了解製造的過程，又是垂直整合。想要創新的人，都非常歡迎加入我們的團隊。

提問

我的第一份工作是拖吊車司機，現在正在念博士，我們花了很多時間接受高等教育，結果出去之後卻面臨少子化、海歸博士的衝擊，甚至找不到工作的情況，想請問在這種挑戰下，擁有博士學位的人到底該怎麼辦？

郭台銘：我不曉得你念什麼，我覺得開拖吊車沒有什麼不好，因為我最近準備在大陸市場投資一家電動拖吊車，但你在開拖吊車時有沒有想過，一部拖吊車用的電池是兩噸，電動汽車的電池實在太重了，你既然念博士，又開過拖吊車，是否感覺到拖吊車有很多地方可以改進，尤其是拖吊車很費油，對未來是很大的問題，因為現在環保意識高漲。昨天有個節目才講到瑞典的環保問題，事實上，我們在巴西也準備投資環保，正在做一種壓縮渦輪，可以用玉米梗、玉米葉，我們在大陸長春石化所也在進行兩個計畫，一個是美國以前一家大公司，讓水瓶將來在土地裡六個月就可以沉降；另外一個則是研發電動環保車，讓生產時更環保。

念博士，又開拖吊車，我覺得你很偉大，你應該想到將來可以到中國大陸開一萬台拖吊車。我們公司最近在喊一個口號，就是主管沒有分什麼中幹、台幹、美幹，只有能幹和不能幹！

陳文茜：郭董事長你說你四十歲之前不投票，也偷偷告訴我，你以前投的是黨外和民進黨，為什麼？

郭台銘：因為年輕人本來就看不慣過去，尤其剛開始創業時，資源都被當時的大企業與國營事業壟斷，根本拿不到資源。過去為什麼我們將總部搬到土城，就是因為離台北看守所近，開出去的支票如果沒有兌現，被退票，就要抓去關。那時小孩還很小，經營公司是很戰戰兢兢。所以，我曾經也是一直對政府有很多埋怨，後來我到新加坡開會才豁然開朗。因為那時我是模具公會理事長，帶領模具公會到新加坡參加亞洲模具協會，新加坡的一個部長請我們吃飯，問我台灣中小企業為什麼那麼強，而新加坡中小企業都輔導不起來？我說你要聽真話，還是客套話？他說真話，於是我就告訴他們因為李光耀總理對所有中小企業照顧得無微不至。小孩子兩、三歲不吃奶時，你們就餵奶，四、五歲不走路時，就逼著他走路，我說台灣不是這樣！台灣是中小企業六個月就給你斷奶，然後趕著你，叫你跳火圈，跳不過你就沒有了，企業本來就是這麼競爭，全世界的企業要能夠生存滿五年的只有三〇%，滿十年的則剩下一八%。而今天台灣的政府對中小企業採行不睬不問的態度，是對，還是不對？其實我自己也掙扎了很久，後來我也覺得從物競天擇的角度應該是對的，因為這樣台灣現在就有一群很強的企業，這些企業大部分是那時被不理不睬出來的，如果政府花太多經費輔導中小企業，中小企業在國際上就會失去戰鬥力，今天有很多的中大型企業都是當時訓練出來的。

陳文茜：我做「文茜的世界周報」、「文茜的世界財經周報」，或是其他任何事，都不過問台灣政治，也退出台灣政壇非常長的時間，這段時間有各種不同的政黨找我做不分區立委，做各種工作，我都不要，我遠離台灣的政治很久，也很厭煩政治，可是什麼原因使我最近又幫忙做政論節目、政見轉播，我只想告訴全台灣所有的年輕人，因為我真的很心疼你們面臨的處境。

當我跟你們一樣年齡時，對社會充滿了熱情，也知道自己現在的年齡所扮演的角色。我不是為自己而活，是為這個社會而活，希望我到這個年齡還能幫年輕人做一點事，給你們一個平穩的環境、公平的舞台，一個更好的、或許不夠滿意的，但至少不是一個阻礙重重的大環境，而你們每一個人，都用你們的毅力、智慧、熱情，去完成你們的人生夢想。郭董事長和高教授是否還有什麼想跟大家說的？

高希均：我一輩子教書，希望知識的傳授能夠增加學生、讀者，以及廣大社會對知識的了解，讓他們可以做更好的決定。而企業家，就像郭董事長，透過他非常認真而努力的奮鬥，創造台灣很多的就業機會和財富，也創造我們台灣人的驕傲。我也希望政治人物能創造更廣大的空間，更公平的機會，讓年輕一代有機會走出去，參與世界，將你們的人生舞台、學習經驗、才華，不設限於台灣，而是以全世界為舞台，特別是在這個時空背景裡，一個最可能的地方就是中國大陸。我的新加坡朋友很羨慕我們台灣和大陸在文化、語言、血統以及地理位置如此接近，其他的選擇或許都沒有比中國大陸在此時此地更接近、更好的機會，希望我們能提供年輕人可以工作、發展、安定、決定的機會。

郭台銘：在世界經濟急遽變化的今天，甚至只有少數幾個地方能成長，我們要做出自己的決定，我們盼望穩定，盼望政府創造更多的機會，盼望兩岸的和平可以帶給兩岸年輕人彼此競爭、學習，甚至於合作到國際上競爭，不管如何，我們希望看到一起長大的台灣，最起碼有一個穩定成長與和平的社會，如果通過考驗的願景可以實現，大家將可以看到一片榮景。所以，我不同意今天的主題叫「獻給失落的一代」，我認為我們反而應該要改為「奮起、築夢，挑戰未來的人生」。

郭台銘

胸懷千萬里，心思細如縷；魄力、雄才兼具之企業家。

高希均

以傳播進步觀念、推廣讀書風氣為己任之經濟學家。

李開復：死亡變奏曲：向死而生

□每一個失望都帶來一個希望，當一扇窗被關掉，只要有另一扇門被打開，你就還有希望。

□要找自己擅長，而且能夠勝任的，然後不斷讓自己進步，不論是老闆認可的進步，還是自己認可的進步，一旦不存在了，就應該騎驢找馬，找別的機會發揮、學習。

□格局感就是當別人都看到樹時，你看到了樹林；當別人都只看到了明天時，你看到了未來。

□一個人在任何的環境裡生存，或者想得到成功，最重要的一件事就是得到別人的信任。要得到別人信任，最好的辦法就是先信任別人。

□過去在很多人的眼光裡，我可能是所謂的成功者，但生病之後，我才真的了解世界上最美好的是什麼，親人對我多麼重要。

□人生碰到低谷，才是學習最好的時刻；最大的挫折可能成為我們最好的老師。

陳文茜：你覺得自己小時候是調皮搗蛋的人嗎？

李開復：非常調皮搗蛋。直到我去美國，才變乖！

陳文茜：調皮搗蛋是不是你到現在還可以很像科幻小說一樣創新思考非常重要的基礎？

李開復：我認為這兩個的相關度很高！

陳文茜：在給女兒的一封信中，你稱讚女兒，寫了父親對女兒的感情，好令人感動，但當中突然跑出這樣的一句話：「你不但長得可愛，而且是個特別乖巧的孩子，從不吵鬧，為人著想，既聽話，又有禮貌。」這好像不是小時候的你？你當爸爸時，希望孩子是乖巧的，可是自己當小孩時，卻調皮搗蛋，而且覺得這樣很棒，認為這跟你的創新充滿關聯性，你不覺得這個邏輯有問題？我為什麼要提醒這件事，是因為很多第一代的創業家，自己很成功，是因為他小時候是個調皮搗蛋的人，但當他成功時，卻要他的孩子當個聽話、乖巧的小孩，你不覺得這個邏輯有問題？

李開復：非常同意你的觀點，我之所以這麼寫，因為我讓我兩個女兒成為他們自己希望成為的人。而我的大女兒天生就是乖巧的人，小女兒天生就是非常調皮，但我都支持她們，做她們想做的人！

陳文茜：你有一個天分，非常幽默、可愛，你曾經說你希望跟八種人聊天？第一種是百歲老人，你應該是意指他的人生已經經過好幾個階段，累積了很多人生感悟；第二種是三歲小孩；第三種是曾經一無所有，現在是億萬富翁；接著是曾經是億萬富翁，現在一無所有；還有看過一千本書的人，為什麼是一千本，一千本書很少啊？

李開復：因為我是在社群網站上發這個訊息的，我覺得看社群網站的人恐怕很少讀過一千本書。

陳文茜：另外是到過一百個國家的人，這很難。全世界國家很少，你去過萬那杜嗎？現在全世界颱風最嚴重的地方？

李開復：沒去過，所以可以去找去過一百個國家的人談。

陳文茜：最後還希望跟死刑犯，以及癌症絕症晚期的人談話。這裡面每個都頗有它的道理，可否談一下為什麼是這八種人？

李開復：我覺得人生有一個必然真相，就是年紀愈大，愈能感受到年長者的智慧，就像馬克吐溫曾經說過：「我的父親在我十歲時是非常愚蠢的人，十年以後，他長了好多智慧。」所以，我覺得我們年輕時並沒有意識到年長者的智慧和經驗，當然你不會去跟百歲老人問科技趨勢，但會對他的人生體驗，和他看到的跌盪起伏以及所經歷的各種事件有興趣，無論是經濟、政治、家人、親情，他應該有很多總結，讓我們可以增長智慧。

陳文茜：百歲老人下一個為什麼就是三歲小孩？

李開復：因為我覺得這個社會充滿了偏見，而且我們會不自覺的給孩子做很糟糕的洗腦。其實我現在聽自己寫給女兒的信，其中有兩個字讓我覺得很刺耳，那就是「聽話」，我非常同意當時我應該不要寫這兩個字。因為聽話是中華文化特別糟糕的一個思想，認為孩子聽話就好，父母親知道一切，所以父母說什麼，你就要學什麼，而你就是我的附屬品。

陳文茜：所以如果明天《中國時報》登出李開復說：「絕對不要當聽話的小孩」，你覺得這個標題怎麼樣？

李開復：應該是說絕對要做一個有自己判斷力的小孩，父母講的話你要參考、重視，但是要想你自己該怎麼做，自己負責自己的人生。至於三歲的小孩應該還沒有被父母和社會過分的洗腦。

陳文茜：你覺得這兩種人一個是年齡到了一個程度就有智慧，一個是還沒有被世界或社會的價值觀所汙染，另外，想請你談談為什麼想認識曾經一無所有、現在是億萬富翁，以及曾經是億萬富翁、現在一無所有這兩種人？

李開復：曾經一無所有、現在是億萬富翁這種人相對富二代、富三代更值得我們尊重，因為他白手起家做出偉大的事業，很希望知道他是怎麼做成的、有什麼可以幫助、告訴我們。至於億萬富翁變成一無所有，則是因為有時我們在社會名利太多，給我們很多誤解，直到失去一切時才領悟，就像當我發現自己得了第四期淋巴癌時，我的領悟可能比過去我在若干公司做得還不錯的成績要更深刻。

陳文茜：你為什麼把死刑犯跟得絕症的人擺在一塊？

李開復：因為可以知道當他們面臨人生即將結束時，是如何看成長的每一刻，以及過去做的每一件事，如果還有機會重來，他們會怎麼做？因為得絕症的人未來的日子有限，想知道他們會怎樣去過每一天，根據他的描述和智慧，可以讓還有更多日子的我們學到很多。

陳文茜：我覺得最應該講話的是，從億萬富翁變成一無所有的人，因為那種人對人生的領悟最高，但年輕人好像還不需要跟死刑犯講話，還是你覺得他們現在就應該要跟死刑犯講話？

李開復：我覺得可以學到很多，當然前提是，你去講話時，必須先想你要學到什麼，要擅於發問。另外，死刑犯可能也有一定的感悟，如果只是憤世嫉俗，說法官判錯了，要平反，那麼談起來就沒什麼意思。

陳文茜：那癌症末期患者呢？

李開復：當然也是，有些癌症末期的人可能非常不開心，痛恨一切，但也有些人非常樂觀。例如，我有一個朋友大概三個禮拜前過世了，過世前兩個星期我去看她，當時很佩服她，從她身上學到很多。因為她老公是外國人，希望我能跟她老公更深入交往，怕她老公在台灣沒有朋友，不會講中文，於是幫他安排能夠交心、講英文的朋友，我覺得一個人面臨人生最後時光時，還能夠為人著想，實在很勇敢，這對我來說是非常好的學習對象。

陳文茜：那時看到你在社群網站發了「多跟這八種人聊天」的訊息，其實很想添加兩種人。第一種是兒童癌症病患。他可能才八歲或十歲，因為這個年齡是最好發骨癌和腦癌，以前的技術一定要截掉一條腿，若不行，就再截掉另一條腿，而且一定要化療，但那時又是成長最快的時刻，也就是癌細胞發展得最快。

去年中秋節，我跟劉若英去榮總九三兒童癌症病房，那時她已經懷孕，不希望被媒體拍到，因為還沒告訴大家她懷孕了，但她當時看到一個孩子，一直敲頭、一直敲頭，就問醫生，他是不是頭痛？醫生說是因為得了腦癌以後，動了腦部手術，在那之前有能力表達自己要說什麼，但現在想要跟你說好高興看到你，卻想不起來，沒有能力表達自己的情緒，就很生氣，一直打自己。所以，後來劉若英生孩子時，不會期望孩子成龍成鳳，只希望孩子健健康康就好。當你看了癌症病童就會想到，我憑什麼這麼健康長大，他為什麼在這麼年輕時就得這種病，他犯了什麼錯？站在旁邊哭泣的都是父母，表示遇到了，也沒有辦法。

還有一種人也是我想加上去的，那就是失敗的政客。失敗的政客感慨通常都很深，以前面對的是車水馬龍，然而，一旦從最高的位置下來，不再有鎂光燈跟著他，或是被大家簇擁，就會感到世態炎涼。我覺得這兩種人應該加上去，您的看法如何？

李開復：非常同意，癌症兒童和罹癌的成年人可能有不同的領悟，但失敗的政客可能和一無所有的億萬富翁有些類似。

陳文茜：你經歷了從非常傳統的中國家庭教育文化到相對開放的美國，才會說在中國人的教育裡最不好的就是「聽話」。想請問你到了美國，又再到中國大陸工作，在這幾個不同文化的經驗如何？例如，聽說到了美國你本來很得意，覺得自己是數學天才？

李開復：對！因為在台灣什麼都靠背，例如三分之一、四分之一、七分之一變成小數點，都可以背得滾瓜爛熟，但到了美國，都是用計算的，不會背，所以老師如果問二分之一等於幾，很多小朋友會舉手說〇．五，因為這很簡單，但有一天老師出難題，問七分之一等於幾時，大家還沒寫出第一個字時，我就舉手說是〇．一四二八五七，同學就會說這個人一定是數學天才，因為怎麼可能有人心算這麼快，其實我自己心裡知道，就是死背，但人總有虛榮心，當大家說你是數學天才，就覺得自己真的是，認為數學滿好玩的，因為可以常被人誇獎。

不過，我的歷史在美國就不行，地理也不行，化學、英文都很爛，每一科都不行，只有數學好像比別人行。我似乎也因此培養了一種錯誤的自信心，認為自己數學真的很棒，這讓我學到一個教訓，就是當一個人真的錯誤的認為自己很有自信時，然後不斷去做，就會培養出一定程度的興趣，也就真的愈做愈好。例如，我在高中時參加數學比賽，就很有動力學數學、不斷練習，讓數學變得更好，認為自己是個數學天才，後來真的得了田納西州的州立冠軍，就更覺得自己很厲害。

陳文茜：然後你就進了哥倫比亞大學數學系？

李開復：當時我讀了數學系，覺得自己是數學天才，不管是得沃爾夫獎（Wolf Prize），或是證明別人不能證明的東西，以後我一定都可以。他們看我數學成績不錯，也讀了兩年大學的微積分，表示我可以進最高級的天才班，我自己也覺得理所當然。但一進去發現這堂課只有七個學生，開始覺得沒什麼，老師講很多東西，前面兩、三堂課還可以，可是後來就跟不上，聽不太懂了，回去查書，也不懂。考試是回家作業，有一個星期解題，我想怕什麼，回家翻翻教科書就知道了。但回去怎麼翻都翻不到類似題目，怎麼做也只做出兩、三題，其他四、五題就靠矇的，交上去後，心裡很不踏實，覺得自己一定考很差。於是問老師，他也說我考不好，我問是不是班上最差的？他說我大概排第七名。

陳文茜：可否描述一下你發現自己是七個人裡的第七名，也就是最後一名時的心情？

李開復：因為很在乎成績，所以先想到的是我不能讓自己在哥倫比亞第一年就得個F，所以就跟老師說我要退選。老師就問我為什麼要退選，我說你大概會給我D或F吧？他說不會，表示我的總成績是A-。我說：「最後一名還有A-？」他說：「你們本來數學就是最棒的。」因為當時我們班上都是各種競賽的冠軍，而我當時太把自己當一回事了，認為自己是州立冠軍，可是沒有想到我也只是田納西的州立冠軍，到紐約、加州恐怕二十名都考不上，完全沒想清楚這點。而老師說我有A-，也就繼續混下去了，想說先讀完再說，也就放下一塊石頭，心想只要能找到另一個可以修的課就好了。

陳文茜：我看到你的經歷裡，跟台灣的教育最大的不同是，台灣大多數的人在高中時都想辦法讓自己的學測很好，在我的年代，就是聯考，現在就是把學測考好，還有繁星計畫，以及各種不同的考試，接著是填志願，換句話說台灣的學生在高中時，完全在背誦知識，不清楚人生的志向是什麼，就算知道，就會像你以為當律師是個很棒的事。

我自己也以為念台大法律系可以為社會伸張正義，結果進去才發現完全上當。換句話說，在美國，大一、大二不分科系，在台灣，高中時就得決定要念什麼科系，一旦上了那個當，就和嫁了一個錯誤的男人或老婆下場差不多，因為離婚的代價非常大。而我們以前要轉系，得先在原本的科系裡功課夠好，才可以轉系，但你卻是因為在數學系混不下去才要轉走。而我們怎麼可能在數學系功課很好轉到別的系，就是因為覺得學法律快要睡著了，才想要轉到別的系。但是，現在你必須在法律系裡功課非常好，才可以去念喜歡的系，這是台灣現在的教育方式，你覺得如何？

李開復：這是非常糟糕的一個系統。我們知道亞洲很多國家都是這樣，但是，我非常幸運，哥倫比亞入學時只要告訴學校你的興趣可能在哪些科目，兩年後才會面對畢業、出社會。大學其實是你第一次接觸各種課程，並且利用暑期打工知道原來在一個律師事務所學習是怎麼回事，或是幫微軟寫程式又是怎麼回事。

只有上大學後才能知道自己想做什麼，大學之前就逼大家把自己要學理工，還是文科決定好，選了科系又很難改，其實是非常糟糕的系統。我在美國十七歲讀大學時，也沒有看清自己的興趣，何況美國已經給我這麼多機會。台灣可能逼學生讀書逼得更緊，讓學生看世界看得更少，卻要你更早決定志向，還不能隨意改變，這個系統是遲早，而且必須要改。

陳文茜：後來你很幸運念了電機系？

李開復：是Computer Science，台灣叫資工系？

陳文茜：我記得念台大時，沒有這門課，只有電機系。你後來就進入好幾家大公司，你進去時的蘋果公司顯然不是現在的蘋果公司？

李開復：對！我都跟人家開玩笑說：「I went to Apple between Jobs.」這是一個雙關語。我進蘋果公司時，正好錯過了賈伯斯，就是他被趕走之後，我才進去的，然後我走了以後，他就回來了，所以沒有跟他共事過，是一九九〇到一九九六年之間。

陳文茜：當時什麼原因使你決定要離開蘋果公司到微軟？

李開復：我不是直接去微軟，中間還經過視算科技（SGI）。在蘋果那段時間學習了很多，就算賈伯斯不在時，蘋果也真的是特別重視用戶體驗的公司。因為我在卡內基美隆大學讀博士，那時的思維都是說只要創造最先進的科技，將這項科技丟出去後，就會有很多人使用，讀博士的人都非常相信科技的力量，認為建立一項科技總有一天會找到應用。

但進了蘋果後，卻當頭棒喝的發現，技術必須退一步，先想出對用戶的好處，也就是用戶真的需要什麼，以及不用技術可不可以解決！用戶需要的其實是最好不用技術就能解決，因為每一個技術都是一種風險。技術其實是最後的考量，應該把用戶放在第一位，這是那六年我學到最重要的一件事。

陳文茜：你在蘋果公司之後中間經歷了一個工作，但那個公司大家比較不熟，可是對你很重要，接著你又到微軟，使你有機會到中國兩年，最後再回去微軟，之後又到了 Google 工作。你認為應該在每一個工作裡待多久？這對很多年輕人來說很重要。因為你走過幾家大公司，日本人是只要進一家公司，就效忠到底，一路一直上去，這是日本人的文化。台灣的文化則是跳槽，因為只有跳槽才可以升官和加薪。也因此，台灣的老闆很不喜歡培育員工，因為台灣的員工太喜歡用跳槽增加薪水和職場地位，以至於企業對人力資源的訓練特別沒有興趣，這是各種不同企業文化的結果。你自己本身呢？你在蘋果公司待了差不多六年，ＳＧＩ待了兩年，然後在中國微軟兩年，後來回到總部，所以一共是七年，最後在Google工作了四年？

李開復：對！我記得我工作時曾看過一篇文章，說平均一個美國人一生換四次工作，但不代表四個是對的，但至少這個數字在那個時代可能是比較合理。但若是今天，可能就要完全重新考量這件事，要看每一個人的想法。我認為重點不是跳槽多少次，而是你在每一家公司時要不斷問自己，我是不是已經滿足現狀，不再進步了，如果是這樣，就應該立刻找一個新的平台，當然可能是在同樣的公司換一個部門。

換工作應該是基於這樣一個考量，不是說誰可以給我加薪二〇％。剛畢業，薪水真的不是很重要，起薪低很正常。但每家公司應該都有一個制度，對於特別優秀的人老闆要非常快速提升他們。也就是說，第一個是要找自己擅長，而且能夠勝任的，然後不斷讓自己進步，不論是老闆認可的進步，還是自己認可的進步，一旦不存在了，就應該騎驢找馬，找別的機會發揮學習。

陳文茜：如果你現在二十幾歲，剛剛從卡內基美隆大學畢業，你會去蘋果公司上班嗎？

李開復：這是一個很不容易回答的問題，因為蘋果公司是少數奇蹟似的捕捉到好幾次時代的公司，但是即便如此，我可能不會把他當做我的首選，我會看現在的科技，什麼是最大的趨勢。譬如，年輕人可能認為物聯網是目前最棒的業種，那就應該到最新創、最領先的物聯網小公司去做。以過去為例子可能會比較容易理解，也就是說，假如是五年前畢業的學生，如果他當時好好做了研究，就會發現行動網路是最了不起的，而且在行動網路裡Google的Android機會可能最大，如果要選擇，就應該想盡辦法進Google，而且進Google不要去做錢賺得最多的Search，而是去做Android。

如果做不了，就可以再來分析，那麼在行動網路的領域裡，什麼最能賺錢？或是什麼是最大的科技變革？在哪裡可以學到最多？就會做出各種判斷。例如，他會覺得地圖、遊戲很重要，或是支付很重要，無論做了哪個判斷，那時加入那些公司，基本上都可能是對的！

陳文茜：你剛才給了我們好幾個觀念，從IBM、柯達、HP到現在為止所有的改變。如果現在三個工作放到你桌上，第一叫蘋果公司，第二是物聯網阿里巴巴，它曾經很火，也有假貨問題，最近股價也在下跌，但還有很多潛力；第三是Uber，剛剛新創新的共享經濟模式。你會去哪一家公司上班？

李開復：我的選擇不見得適合每一個人，但我會挑選最領先的領域，而且這個領域還沒有被充分吃透和了解，未來還是非常光明，而這三個領域我認為共享經濟才剛剛開始，所以，我會選擇共享經濟公司，而且我可能挑小一點的公司，因為現在大家對Uber的期望值已經很高了！

陳文茜：所以，對你而言，在那斯達克非常成功上市的公司，其實都已經不是剛剛開始創新的年輕人最應該參與的公司？

李開復：不能說所有的年輕人，我覺得能夠承受風險的人，應該加入真的是在引領潮流的科技公司，比如說幾十人、一百人的規模，你進去可能學到更多。

陳文茜：是應該先去蘋果公司或Google，在那個地方待個四、五年，甚至六年，知道這家公司大概是怎麼回事，然後就跳去一家可能是二十人或一百人的小公司，去了解為什麼他們成功，以及他們的包袱是什麼？到底路徑圖應該是哪一個？

李開復：其實在大公司也可以，因為如果今天我二十多歲，有機會加入這三個公司其中一個，我會更希望去從事他們最前瞻的業務，比如說在阿里巴巴可能就不是經濟業務，在蘋果公司可能就不是iPhone部門，在Uber就不是跟車有關的事業，我會看內部還有什麼機會，可能是能成長得更快的領域，這樣才能學得更多。如果在這個前提下，去大公司工作我覺得也滿好的，但這不見得適合每一個人，有些人可能希望從一而終，找一個很安穩的工作，有些人可能就想考公務員等等，但如果想從事高科技行業、引領潮流，就應該挑選最領先，且相對小一點的公司或部門。

如果找不到這種工作，還有一個可能的建議，就是找一個可以看到潮流的

「能夠承受風險的人，應該加入真的是在引領潮流的科技公司，比如說幾十人、一百人的規模，你進去可能學到更多。」（圖為李開復和創新工場伙伴合影，圖片提供．李開復）

行業，例如，五年以前我們可以看到行動網際網路，但今天可能沒有那麼清楚未來趨勢，那為什麼不加入一個可以幫你看得很清楚的公司，看清楚了以後再去做你想做的事情。譬如創投公司、投資銀行，或者投資分析師以及大公司的戰略投資部門，這些工作都會幫你看到未來的趨勢，看到了以後再去做。畢竟你在學校，拍腦袋說以後物聯網會更火，還是共享經濟會更火，可能都拍得不準，還不如加入創投的戰略分析團隊，會更清楚告訴你，做這樣的工作三年其實也很好。

陳文茜：我們剛剛談到職場的一些順序、思考和想像力，我發現一個人的想像力很重要，想像力也跟你在什麼地方成長有很大的關係，你是從台灣到美國，在那麼好的公司上班，但當時微軟卻派你去中國大陸，那是哪一年？

李開復：一九九八年。

陳文茜：也就是亞洲金融風暴後的一年。那時的北京可不是今天的北京，第一，晚上是宵禁的，現在看到紫禁城後面的後海，那時根本完全還沒開放，沒有任何地方可以玩，因為我二〇〇二年年底時去過北京，所以可以這樣想像一九九八年嗎？

李開復：對！我當時去公司還有一個辛勞津貼，也就是派你到落後地區，就要多給你一點錢，才能鼓勵你去。但是，現在很多美國人都求著想去中國工作，因為那邊市場成長很快。

當時有幾個理由，因為我在九〇年第一次到中國大陸，後來陸續去了好幾次，但腦中始終有一幕讓我永遠無法忘記，就是我第一次到合肥的中國科技大學演講，當天晚上，坐車經過校門口，因為飛機延誤，已經是晚上十一點左右，看到一批學生從宿舍走出來，心想怎麼十一點還不睡覺，走出來做什麼？陪我的校辦主任告訴我，因為學校宿舍節電，十一點要熄燈，學生想繼續讀書，要在街燈下看書，當下給我很多感受。

一個是這麼努力的人，以後一定很有機會；第二是大家都是炎黃子孫，為什麼我這麼幸運，他們這麼難，我是不是可以做些有價值的事？這一幕讓我一直想如果有機會，可否帶著一批特別聰明勤奮的人，做出很棒的事情。而且十三億人口裡最頂尖的聰明人，世界上其他的人肯定很難跟他們競爭。就是這麼一個想法，希望既可以做很有意義的事，又可以做出很棒的東西，也覺得這是一種不公平的現象，想幫幫他們。

陳文茜：所以一九九八年是基於這樣一種特殊的感動和使命感回到北京？

李開復：還有我父親有很深的中國情結，他過世時，也一直希望孩子能幫助當時還很落後的中國大陸。

陳文茜：你到北京只有兩年，因為微軟的研究院在中關村，兩年後就又調回了美國。那兩年給你的印象是什麼？那時中國大陸發展得特別快，二〇〇〇年三月十號剛好是網路泡沫，那斯達克的股價在五千一百三十二點，從那天開始，網路就開始泡沫化，那個階段你剛好在北京，後來又回到美國的微軟，當時什麼原因被調回去？看到網路泡沫化，你當時有什麼想法？

李開復：一九九八年當時，我們非常努力網羅了中國大陸一批極為聰明的博士，帶著他們開發很多技術，並且非常專注在工作上，所以沒有太大的心思考慮網路泡沫，說實在的，微軟當時把自己從新墨西哥州搬到了西雅圖，而不是矽谷，一定程度就是因為比爾・蓋茲認為，在那裡才不會互相挖角，沒有像惠普、蘋果這些公司，找一片淨土，讓工程師可以努力工作，加上西雅圖常下雨，下雨就不能出去玩。當然他的老家也在西雅圖，西雅圖也有一定的程度被置於網路熱潮之外。

當然，我在中國大陸當時也看到第一批上市的公司，包括新浪、網易、搜狐，後來股票都跌到了幾毛錢。當時我寫過一篇文章，表示網路是泡沫，但網路本身絕對不是泡沫，只是有些公司可能在一些投機商人的炒作下，將它的價值抬太高，而有時就是需要一次大火，把整個森林都燒了，最終還能夠存活的樹苗，以後可能就是了不起的公司。

陳文茜：你後來回去北京，再去Google？

李開復：對！因為我們建立了中國研究院，後來改名叫亞洲研究院。比爾・蓋茲非常自豪這批人怎麼這麼聰明、厲害，做了好多有意思的東西。

陳文茜：後來怎麼又回到北京？

李開復：又回北京是因為我到微軟總部一直沒有特別適應，因為微軟有一個牛仔文化，大家都非常有企圖心，某種原因比爾·蓋茲帶領了一批非常有企圖心的牛仔，但那不是我的性格。

陳文茜：他是你喜歡的老闆嗎？因為你在蘋果公司時剛好沒有碰到賈伯斯，在微軟有碰到比爾·蓋茲。

李開復：跟他一起工作，相當親近。

陳文茜：他是個什麼樣的人？

李開復：他是一個怪傑，很內向，但滿可愛的一個人。他年輕時，可能因為競爭非常激烈，所以他可愛的個性上，又加上強勢作風，一切都由他判斷作主。很多聰明人都非常有競爭性，他想的都是零和遊戲，不但要我活，還要你死，某種程度來說是當時微軟的文化。

陳文茜：可是他賺了錢以後又去做慈善工作，這樣的個性會不會有點矛盾？

李開復：我覺得他最後找到了真實的自己，因為他其實是一個內向的天才型人物，因為特別喜歡競爭，在二、三十歲時就帶來零和競爭，想把別人都打倒、打死，希望稱霸世界。但是，當他得到了一切，成為世界首富時，就開始反思，覺得人生的意義不是你死我活，更大的意義是在行善。我非常佩服他，能夠在這樣的一個惡劣環境中，包括被美國政府起訴壟斷，有一段時間過著生不如死的日子，但從自我裡放下、退出，改做慈善，而且把聰明才智都放進去，不只是把錢捐出去，而會深度研究各種不同解決癌症、愛滋病，或非洲兒童問題的方法，探究哪種解決方案最好、最划算，再投入最合適的東西。所以，他是真的能夠放下的人。

陳文茜：你怎麼看美國、中國和香港首富的生活？比爾．蓋茲給自己蓋了一個很特別、很有設計巧思的房子。賈伯斯的房子就很普通，他住的地方叫帕羅奧多（Palo Alto），是一般美國中上階級家庭的普通房子。巴菲特更是不得了，他簡直住了一棟爛房子，還開了一台凱迪拉克的爛車。他這麼會賺錢，這麼老了卻不請司機，喝飲料也只喝可口可樂，因為那是他非常重要的投資品，生活非常簡樸，也不太給小孩錢。你後來看到了賈伯斯的所有情況，在北京時，也見到非常多的中國首富，你怎麼看美國這些首富？

李開復：我更佩服美國這種精神，我不會認為首富或有錢人就一定要做慈善，低調或是高調，因為美國也有各種不同的人，像甲骨文總裁賴瑞·艾利森（Larry Ellison）就很愛花錢，買豪宅，每個人都有自己的作風，特別值得我們學習和敬佩的是，不要被太多世俗的東西所綑綁。你認為自己該成為什麼樣的人就去做。巴菲特覺得他就是要節儉；賈伯斯可能認為有一個合適的房子就可以，比爾·蓋茲喜歡請一大堆學生到他家的草坪，每個人只要能夠想清楚自己要什麼，去實現自己要的東西，而不是世俗告訴你，一定要在最貴的區、買一棟最大的房子來炫耀。

我覺得兩岸的華人太被世俗所綑綁，這點應該要跟美國人看齊。另外，大家都愛攀比誰有最好的房子、車子，炫富其實是幼稚的想法。第二，華人比較不像美國人有足夠回饋社會的心態。比爾·蓋茲把全部的錢捐做慈善很了不起，但巴菲特更了不起，他把錢捐給了別人的基金會，他跟比爾·蓋茲一樣有錢，但比爾·蓋茲畢竟是捐給比爾·蓋茲基金會，也就是把錢變成了名。巴菲特卻把錢全給了他，這種心態和胸懷，我覺得華人應該多學習。

過去十七個月我一直在台灣，也接觸了很多台灣的創業團隊，他們想了很多方法希望得到富豪的支持，但最後發現，台灣雖然錢很多，好像都沒有人願意把錢拿出來，無論是投資、贊助，或是建立一個生態系統，讓台灣有下一代的科技，大家的思維還是我有我的王國，你要來跟著我，我就占大股份，沒有一種心態是，我們已經在行動網際網路落後了，是不是能創辦或是成立天使投資機構，做各種事幫助年輕人走向新一代的創新科技。不能說每個富人都沒有做，但是整體來說，更多人想的是怎麼把王國做得更大，尤其是怎麼賺更多的錢，對自己有好處。這種利己而沒有利他的思維再延續下去，就很讓人擔憂。

大陸當然有很多土豪，但應該給他們一段時間，因為任何一個經濟體剛興起時，大家好不容易苦了這麼多年、這麼多代，要賺的第一桶金給出去，還是有點困難，讓他不去炫耀，也有點困難。所以，大陸可能還要時間觀察，現在這種土豪炫富的情況可以理解，但希望未來會更好。

陳文茜：你曾經給年輕人一些建議，譬如大學時要好好交朋友，也給孩子身教，譬如一定要相信人、尊重人，但你一定被欺騙過，當然台灣人也騙人，否則我們不會有食品安全的問題。台灣人最近跟大陸人關係緊張，老覺得到大陸做生意就會被大陸人騙，你在北京那麼多年，怎麼繼續維持你對人性的信賴？你堅持信任和尊重別人，就算最後被騙了，仍然相信你得到的遠比你失去的多？

李開復：因為一個人在任何的環境裡生存，或者想得到成功，最重要的一件事就是得到別人的信任。我在美國、台灣、大陸生活了這麼多年，發現要得到別人信任，最好的辦法就是先信任別人。當然信任必須出於誠意，當對方還沒做出欺騙你的事時，你先以信任的態度對待他，讓他覺得深受尊重、信任，對方就會報以感謝和回饋的心。

陳文茜：你在美國和北京待了那麼多年仍然如此？

李開復：我當然也被騙過不少次，上過當，吃過虧，家人也會說：「你看你就是太信任別人，才會落到這個下場。」但我覺得如果你把因為信任別人所得到的，跟因為信任別人所失去的拿來對沖，最後一定還是得到的遠遠更多。而且，我相信人性是善良的，我在大陸投資、幫助的企業，以及在研究院雇用的都是年輕人，發現他們非常相似。如果因為某一些事件，把對岸的青年標上了不誠信的標籤，不僅很不公平，而且也沒有基礎。

陳文茜：二〇一三年對你來說是很特別的一年，你在社群網路上的粉絲很多，也有很多想法，常告訴年輕人比較開放、有創意的思考模式，也被選為最有思想影響力的人，很多諾貝爾獎的人都不一定會獲得！你那天很高興嗎？

李開復：是！很開心，就跑去美國領獎去了。

陳文茜：但領了一個獎沒多久，你就發現你得了淋巴癌？

李開復：是！

陳文茜：所以，二〇一三年對你來講就是一個對沖？面臨人生的大改變，我不喜歡用挫折這兩個字，因為每個人都會有疾病。你在疾病之後，寫下很多話，其中有一句滿特別的，就是人不要那麼想要有影響力，因為想要影響力，就表示沒有完全放下名利？

李開復：中華文化幾千年的累積，其實就是在追求一件事情，也就是名，追求利可能有人認為太銅臭了、太現實了，既狹窄又短視，但追求名則是所有人不斷被灌輸和洗腦的，所以粉絲多了，我們就很開心，轉發多了，就很得意，把自己變成社交媒體的機器。

生病之前，我一天可以發二十條社群網路，除了工作之外，所有時間都泡在上面，說好聽一點是我要追求更多影響力，幫助更多年輕人，說難聽一點，就是要出名，這其實是錢幣的兩面，沒有一面是完全真或完全的假，現在回想那時，幫助人或正面影響人很好，留下價值也很重要，但是為了更多粉絲，而把自己變成機器，就不是上天讓我們來到這世界的理由。

陳文茜：你生病以後覺得人到底應該為什麼而活？

李開復：以前我認為人應該最大化自己的影響力，如果是三年前問我，我一定想都不想就這麼回答。因為影響力變大了，對世界就會有正面貢獻，所以，那時做很多事都是以影響力的大小來判斷。但是，現在我覺得人來到世界是要讓自己不斷的提升和進步，我們只能改變自己，把自己做好，現在我做一件事時，可能不會只想影響力的大小，而會想如果每個人做了，世界會不會更好？如果會，就去做！如果本來就想做的事，就不要那麼在乎結果，或是用數字來衡量，只要心中認為是一件好事，就去做。

因為其實當我們只考慮影響力時，往往只會幫助最厲害的人，或是只去見最棒的創業者，若是普通人我就不見，演講也只去最好的學校，而且人數愈多愈好，變成每個選擇都是只幫助少數人，但得了癌症以後，就覺得每個人的靈性和價值，應該都是平等的。

陳文茜：淋巴癌不像肝癌，可以直接把有問題的點切掉，屬於全身性的疾病，無法根治，你必須長相左右。當你知道自己得了癌症，你恐懼死亡嗎？

李開復：因為聽到時，並沒有特別研究細節，只是知道有二十多個腫瘤，所以照射正子，整個肚子就像聖誕樹一樣亮，醫師都不敢看著我分析病情，得知自己是第四期時，就開始數日子。剛開始時，真的特別沮喪，但後來做了一些研究，並且在醫師指導下，慢慢了解存活期可能不是那麼短，而且如果好好照顧自己，甚至還可能活滿久的，所以又得到了希望。這段日子可以說是跌盪起伏特別嚴重的一段時間，前一天可能抄寫遺囑，後一天可能看到一些希望，遺囑也因此重寫了很多次，因為台灣的遺囑要用手寫，而我的中文很爛，寫錯一個字就要整頁重寫，又不能擦，一擦就不知道是不是別人修改的。

陳文茜：除了很理性的分析疾病之外，你那時還用什麼方法克服自己的恐懼？看你建議的科幻小説嗎？因為你曾説人要有想像力，就要看科幻小説。

李開復：其實是多方面的，一方面做了很多深度研究，一方面覺得這如同賽跑，也把它變成一個遊戲，只要我能讓這個癌症不要再復發，而醫學不斷的進步，尤其是免疫醫療，雖然現在可能還有後遺症，但只要把它壓一段時間，就能夠賽跑，跑過了就有希望，也就是用一個比較樂觀的思維面對。

另外，也發現我過去的工作方式錯誤，以前我每天半夜會醒來三次，每次起來，就跑到書房去回 E-mail，因為那時我認為人生應該分秒必爭，覺得醒來躺在床上，也是浪費時間，不如先把 E-mail 回完，有點睡意再回去睡，這樣部屬也會覺得我好努力，但其實這也是很幼稚的想法。後來才體悟到自己在處理壓力、睡眠、飲食、運動，全部都不及格，怪不得要得癌症。於是就下決心徹底改變生活方式，才有資格去參加賽跑。

改變生活方式剛開始確實滿痛苦，畢竟以前有一些慣性，例如工作、社群網站都排得非常緊密，有天起床，突然發現今天沒有任何行程，唯一的行程就是照顧好自己，也就慢慢發現，其實人生除了分秒必爭之外，還有很多樂趣。譬如家人對我的愛、和家人一起渡過日常時光，或是出去爬山、呼吸新鮮空氣、聞聞花香、看本好書，甚至在澡池裡躺一小時，享受一下按摩，都是過去沒有好好體驗的生活。

例如，有天我到一位住在陽明山上的一個朋友家，我說你家的景色好漂亮，你把樹砍了才看到的嗎？他說你來過我家了，上次就是這個景，樹也沒砍。我才慢慢意識到，以前我的腦子不斷在滾動，隨時都在想事情，無論陪媽媽吃飯，陪女兒看電影，或者是和家人去逛街，都在想工作的事。能滑手機就滑手機，不能滑手機，就在腦子滾，現在已經可以輕鬆放下了，發現世界有很多美好的東西，過去我可能都錯過了，如果不是這次生病的禮物，我可能一輩子也不會學習如何享受美好世界。

（二〇一五年三月十七日）

青年提問

提問　你在美國待了二十三年，中國待了大概十六年，想請問是什麼原因讓你得到癌症時，想到回台灣治療？

李開復：因為我是在台灣做了體檢，才發現自己得了癌症。當時做了全身的MRI，發現身體有問題，醫師就建議我下一步的診斷繼續在台灣做，除了因為很多資料都在台灣，還有一個原因是，每個地方最聰明的人做的事，一定會做得很好，我們都知道台灣最高分的科系是醫科，所以台灣的醫生都很聰明、厲害，我非常佩服我的醫生，包括教我如何復健、養生的醫生，在台灣這批最聰明的人都去當醫生，他們的聰明才智使得台灣在醫療方面非常發達。

當時我也比較了美國、新加坡、日本的醫療，台灣所提出的醫療方案真的最好，沒有看到更好的方案，即使是美國頂尖的醫院也提出一樣的方案，所以就在台灣繼續接受治療。另外，其實台灣家人也是很重要的原因。美國的醫療不會差，但是台灣有好多姐姐，他們對我很好，很照顧我。

提問

你年輕時有很長一段時間非常專注在工作上，但你也提到人生不應該只有工作，還有家人、情人、小孩，甚至興趣等等，這當中一定有非常多的取捨，畢竟我們的能力、時間都有限，如果人生可以重來，你會如何建議有志的青年，在衝刺事業的同時，也可以保留人生更多的選擇性和可能性？

李開復：我認為大學畢業後的十年是一個人的黃金時期，一定要好好把握這段時間，可是如果這段時間就只是專注在事業，其他全部都荒廢了，實在很可惜。回顧過去，我的某些決定其實很幸運，因為我二十一歲就結婚了，和太太在一起的日子很多，讀博士時，雖然沒好好陪她，但她在我身邊的時間還是很多。只是現在領悟到幾件事，第一，要陪家人就要全神貫注，不要虛偽的去陪，第二，在家人身邊刷手機其實不是陪伴家人，要了解家人想要什麼，懂得換位思考、幫他們設想，跟他們在一起，不要只在乎陪了多少小時，而要重視品質，做讓他們記得的事情。

另外，也建議大家要培養一種心態，就是想做一件事時就去做，不要有「這瓶好酒留到哪天慶祝時再喝」，或是「有一個很好的餐廳，等明年週年紀念再去」，一定要活在當下。如果有機會跟最愛的人在一起，渡過很好的時光，就不要有等到哪天再去做的想法，而是今天就立刻去做。

提問：我們應該要選擇自己熱愛的職業走下去？還是應該選擇能回饋社會的工作，也就是有使命感的工作？

李開復：如果你真的幸運到知道自己熱愛什麼工作，那一定要去做這件事，因為做你愛的事情，會讓你的人生更有意義，每天都活得很開心，甚至可能意外賺到很多錢，結交到很多朋友，累積各種資源，如果這件事又對社會很有意義，當然最好。但如果只是一個很有趣的職業，讓你學到很多，成長很多，也不妨等你賺了很多錢，有很多資源時，再去回饋社會。我並不贊成為了使命感讓自己過得很痛苦，或者無法享受工作。前面也談到，有些富豪賺了錢，只要想回饋社會絕對都來得及，就怕他不回饋。所以，如果你真的夠幸運找到自己熱愛的事，就是最重要的事。

我覺得人生碰到低谷，才是學習最好的時刻；最大的挫折可能成為我們最好的老師。過去在很多人的眼光裡，我可能是所謂的成功者，但真的是生病之後，我才真的了解世界上最美好的是什麼，親人對我多麼重要，還有我未來應該用一種平和、平等的眼光，讓世界變得更美好，不要狂妄到以為我能改變全世界。

李開復

最受年輕人歡迎的創業家、青年導師，每天、每刻都讓自己像吸引蝴蝶的花一樣盛開。

張欣：從十四歲女工說起

□我很知道流水線上女工的心態，總覺得時間老是不走，時間就是慢得不得了。我在工廠一心想尋找出路，離開那個環境，因為離開就好像重生了一樣。

□膽子我們中國人並不缺乏，因為我們都經過文化大革命，跑過很多地方，受過很多苦。到了英國之後需要工作，那時，我只會講簡單的英語，所以，他們就叫我去賣炸魚和薯條，問客人要鹽，還是要醋，只要會講這一句話就可以了。

□我到了英國之後，其實我就有了一個榜樣，而且一定是個女性，就是柴契爾夫人。我常會去看柴契爾夫人答辯，這麼多人給她刁鑽的問題，她總是有理有據的一一回答。

□我們那一代人的情況是要奔出去，要衝破現有的桎梏，因為總是要衝破自己的舒適環境，我覺得這是創造力的第一步，也就是你總是對你現有的東西不滿意，總想再往前走一步。

□在一個不吃苦的環境裡，依然可以培養出有生活目的的人、有價值觀的人。

□該退休的時候，一定要趕快退休，千萬不要擋年輕人的道，才不辜負我們創造的這番事業。

《前言》：大陸的開放改革三十年，聽起來是一個長長的歷史，而體現這長長歷史的最好人物，是你不能不知道的張欣，她比她的先生潘石屹還要有名，而且更要傳奇，國際媒體爭相報導她的一大原因是，她原來是一個女工，而且是個童工，她的父母親離異，爸爸要了兒子，媽媽帶著女兒，後來她到香港找媽媽，那時她只有十四歲半，就開始當起了生產線上的女作業員，她告訴我，富士康發生危機的時刻，似乎把她抓回那個時代，她說當一個人完全機械化的時候，她完全了解那種感覺，因為她在工廠整整工作了五到六年，她最大的願望只有一個，那就是「不向命運投降，她要離開這裡」。

她非常具備冒險家的精神，沒有任何人的協助，五年積蓄，買了一張到英國的單程機票，一句英語都不會說就上了語言學校，一邊賣炸魚和薯條，一邊完成了她在英國高中的學業，最後考上了著名的劍橋大學，而且完成了MBA碩士學位。她到了華爾街上班時，正好遇上中國改革開放，她看到了商機，後來認識了潘石屹。潘石屹和她認識四天後就向她求婚，她毅然回到了童年時代困苦的北京，從此開創了她和潘石屹兩人成為中國十大富豪的傳奇故事。

陳文茜：是什麼樣的想法讓你覺得你不要向命運投降，一定要離開北京，離開中國？離開父親？一個十四歲的女孩？

張　欣：我覺得中國人到今天為止，最大的財富就是因為我們吃苦。那時候我一路「逃」到香港投靠母親，第二天就去上工。當時的香港，高樓的每一層就是一個工廠，一個工廠可能只做領子，下一層工廠只做拉鍊，再下一層工廠就是做袖子，最後一個工廠再把它們都弄在一起。我的第一份工作就是剪線頭，每天晚上像山一樣高的衣服來了以後，就一點一點的剪。所以，我很知道流水線上女工的心態，總覺得時間老是不走，時間就是慢得不得了。那時，我在工廠一心想尋找出路，離開那個環境，因為離開就好像重生了一樣。所以，幾年之後，等我終於離開香港到英國上學，那時只有一個感覺，就是我終於逃離了以前的生活了。

陳文茜：你那時只有十四歲半，不怕嗎？

張　欣：膽子我們中國人並不缺乏，因為我們都經過文化大革命，跑過很多地方，受過很多苦。到了英國之後需要工作，而英國人很喜歡吃炸魚和薯條，去英國每一個商業區都有炸魚和薯條店。那時，我只會講簡單的英語，所以，他們就叫我去賣炸魚和薯條，每個星期五、星期六、星期天，三個晚上我就去賣，問客人要鹽，還是要醋，只要會講這一句話就可以了，但如果客人要是多講了，我就聽不懂了。

那個店是中國人夫婦開的，很會做炸魚和薯條，非常受歡迎，因為他們加了味精，但外國人不懂，所以就是比別家好吃，而店總是排隊排得很長。但是，也有賣不出去的時候，那時，星期五、星期六、星期天工作完了之後，我就會包一大包炸魚和薯條回宿舍吃一個星期，導致我現在聞到炸魚和薯條，就想作嘔，不想再吃了！

陳文茜：聽說你當時一週能掙到五十英鎊，暑期還跑到倫敦銀行打工，做臨時祕書也不用交稅，不僅夠你一年學費，還能到歐洲到處玩，但等到你進入劍橋攻讀碩士，才算真的確立自己的經濟地位。拿到碩士後，你進入巴林銀行，在香港分行研究中國民營化問題，後來又到華爾街匯聚一流人才的高薪集團級——高盛工作，但你最後為什麼選擇離開？

張　欣：我在華爾街那幾年不是非常愉快，總覺得這個地方所有的價值觀和我想像的不一樣，認為自己還是要參與大的社會變遷，而那時候中國正好進入改革開放時期，也就是九〇年代初期，所以，我那時一門心思就是要回國。華爾街都是要賺大錢的，要當合作夥伴，而我當時的精神狀態不行，沒有辦法、不匹配，所以，當時我有一個機會遇到潘石屹，覺得終於可以回到中國了。

陳文茜：你當時以投資銀行家的身分到中國尋求合作機會，認識現在的先生，也就是號稱「萬通六君子」的潘石屹，但是你是海歸派，他只是甘肅出來的窮小子，你們兩個怎麼會一拍即合？

張　欣：當時他很土，我見到他的時候，他身穿一套紫色的西服，配上花花的領帶，人又瘦小的不得了，戴一個大眼鏡，全部框在臉上。但我覺得這些人很有原創性，因為我看他們的東西，有強烈的理想，他有社會和歷史的眼光來看待中國這一段經歷。所以，我當時就覺得這些人很了不起！而吸引力就是從那開始，表面的土不土都不要緊了，也蓋過去了。

陳文茜：你的偶像為什麼是柴契爾夫人？可不可以談一下她對你的影響？

張　欣：那時，我的直覺是如果要過上更好的日子，就要離開工廠的環境，那什麼是過上更好的日子，就是要上學，能受到好的教育，找到好的工作，這個就促使我去英國學習，等我到了英國之後，其實我就有了一個榜樣，而且一定是個女性，就是柴契爾夫人。那時候，我記得每一、兩個星期，英國就有國會辯論，我就特別崇拜，常會去看柴契爾夫人答辯，這麼多人給她刁鑽的問題，她總是有理有據的一一回答，而且有時候問她刁鑽的問題，她不直接回答，而是讓你聽她要講的事情，從那時候開始我就覺得這位女人很了不起。

我記得柴契爾夫人死的那天，網路上有很多她的照片，我就一個一個回顧，看她的照片，我都記得當時一幕一幕很多的往事，因為那時我在英國。比如說她到布萊頓飯店開會，有恐怖爆炸，當時我就在布萊頓那個城市。很多東西我再回頭看，包括我後來看柴契爾夫人那部電影「鐵娘子」，也就是梅莉史翠普演的，我記得出來時很氣憤，怎麼會把柴契爾夫人描寫成這樣一位老太太，一個那麼不可思議的人，把她寫成如此不可理喻、孤獨、對權力追求得不得了的女人，完全沒有看到柴契爾夫人在歷史上的角色。

陳文茜：你從中國到英國，再從英國到紐約，進入了華爾街最好的銀行工作，但最後為什麼你還是選擇回到中國？

張　欣：我們那一代人的情況是要奔出去，要衝破現有的桎梏，和現在這代人不一樣，要衝破以前的狀態，走到外國去，雖然生活已經很好了，可以找到很好的工作在華爾街，但是不行，還要再衝回中國去，因為總是要衝破自己的舒適環境，我覺得這個可能是創造力的第一步，也就是你總是對你現有的東西不滿意，總想再往前走一步。

但是，我覺得女性在美國的舞台，也不見得那麼大，當然有非常極端的例子，像希拉蕊、臉書執行長雪莉・桑德伯格（Sheryl Sanderg），但是這是很少的幾個人，更多的情況是我們看到實際上美國的經濟也是被大企業控制的經濟，在大的企業裡有一大套的程序，什麼人該升，什麼人不該升，女性能升到什麼位置，它都有一大套固有的思維，這些東西不容易被打破，比如說大公司裡一個最簡單的想法，你這個女性年輕的時候，MBA剛畢業來很好，可是一旦你結了婚、生了孩子，肯定你的心沒有在這裡，因此，在提升你的時候就要特別小心，一看你快生孩子了，提升你就要謹慎一點，同樣是女性來講，我一邊生孩子，一邊照顧孩子，覺得我升職的機會也不是那麼多，那我就回家了。

陳文茜：如今女性在中國的發展機會和角色又是如何？

張　欣：我們女性在中國有一些東西是沒有辦法去做的，比如說曾經有人給我一個數字，中國在奧林匹克拿到金牌的女性比男性多得多，你看私營企業裡女性成功的比例非常的大，為什麼？因為這些地方是相對女性比較可以自由競爭的，奧林匹克總之成績好了就可以了，可是很多其他地方，不是因為你優秀就能脫穎而出，在中國有好多地方是屬於這一類的，比如政治你是不可能的，你沒有看到什麼女性（領導）在政治上，又比如像國營企業，大企業老總不會看到女性，可能偶爾一個、半個，遠遠從比例上來講沒有私營企業多。

「當代建築有它自己的語言、自己的力量，我們不需要去複製古典的東西。」（圖為長城腳下的公社，圖片提供．SOHO 中國）

陳文茜：你出生在文革，當過女工，在英國完成高等教育，卻放棄華爾街高薪，和潘石屹在北京共同創立SOHO中國，你可以說經歷了中國改革開放傳奇，你怎麼看現在的中國？你認為中國最大的問題是什麼？

張　欣：我記得美國CNN曾問我：「你覺得中國最大的問題是什麼？」那時候大概是二〇〇八年，我就跟他們說：「我覺得中國最大的問題就是腐敗。」現在我看到中國社會的腐敗，是已經到連很小權力的人都在腐敗，比如說可能是街道辦事處的人，他的權力不是很大，但也可以腐敗，而當一個社會的腐敗這麼嚴重的時候，是很可怕的。

例如，有時候和一些人去吃飯，叫很多的菜都浪費掉了，也吃不。因為一方面我們的情感還像小時候受苦時，感覺這個不對，不應該這樣子做；一方面又看到了這個現象，所以是一個掙扎的狀態，中國可能有很多人都是在這種狀態，所以有不安全感，找不到方向的迷失感，因為舊的新的價值，在短期之內大量的衝擊。

陳文茜：你回中國後為什麼決定走入房地產開發這個行業？

張　欣：當時我是門外漢，根本不懂房地產開發，但是我看過的房子比潘石屹多。因為我們到處住，就覺得房子蓋得不好，或是可能都賣出去了，但是都蓋得不好。所以，很偶然的，我就變成經常想「能不能改一改設計啊？」從這裡就入門了，入門了之後，就很喜歡建築、藝術，好像是無心插柳就走進了這一行。

陳文茜：二〇〇〇年，你們邀請到十二位亞洲建築師，在北京水關長城邊展開一場史無前例的集體建築創作：「長城腳下的公社」建築群，展現了你在建築藝術上的獨特眼光，「長城腳下的公社」可以說為中國建築帶進另一個時代，成了當代建築藝術的作品，可否談談當時為何會有這樣的創意？

張　欣：當代建築有它自己的語言、自己的力量，我們不需要在去複製古典的東西，因此就熱心於把當代建築的各種語言帶到中國來。「長城腳下的公社」也是很偶然，我當時跟張永和合作，他是中國建築界一位重要人物，張永和就問我：「你要蓋一個什麼樣的房子？」我當時被他的問題問住，心想：「什麼叫蓋一個什麼樣的房子？你不是就是來蓋房子的建築師嗎？」其實他後來問我這個問題時，我就在思考，我才知道其實是你自己要蓋房子，你要先想好，你要蓋什麼樣的房子，而不是請建築師來給你蓋房子，否則就蓋他想要的房子了，他可以說啟發了我。

所以，後來張永和又問我：「你覺得這個地方什麼好？你要到這裡來做什麼？」我就跟他說：「這裡就是風景好，我就是來看風景的。」他就說：「喔，我明白了。你就是在看風景時要打一把傘，這樣刮風下雨有一個東西遮蓋一下。」這就是他在思考「長城腳下的公社」建築群時的想法，也就是「山腳下看風景時的一把傘」。

陳文茜：你為什麼會兩度請到札哈哈蒂（Zaha Hadid）這位女性建築大師在北京建築如此前衛的商業辦公大樓？你如何讓望京ＳＯＨＯ這樣的建築出現在古老的北京，不但克服了困難，而且還獲得國際業界的肯定，入選二〇一四年世界最佳高樓獎？

張　欣：這麼超前的這種建築，還是需要一定的勇氣，這個項目剛拿去的時候，政府說：「不行，你這兩個（建築）太大了，你這個變成兩個長城堵在那裡了。」我們說：「真有這麼大嗎？」他說：「你想想你這個寬到什麼程度了！」我們才從兩棟變成三棟，所以，你從天上照下來的照片可以看到，以前是兩條魚，現在變成三條魚了！

當然還要歸功電腦 3D 模型，它讓整棟建築可以精確知道每一條水管道，所以三個星期就蓋完了。我在三個星期之內，可以發現所有我需要調整的問題，這個就是科學技術帶來的可能性，否則，你隨便札哈哈蒂畫一個弧線，怎麼去實現這個地方？到底要切多少段，才能夠弧起來？到底這個裡面要放什麼東西？我人站不起來了，怎麼辦？這些都是需要計算的。如果沒有 3D 模型先在電腦上蓋這個房子，這些不可能實現。

陳文茜：北京 CBD 摩天高樓很美，你們屋頂花園非常的自然、很美，還有蘆葦，跟一般的空中花園很不一樣，請問設計者是誰？

張　欣：這是一個韓國老太太設計的，六十多歲，我去韓國找她，她就帶我去，她說：「我帶你去看我做的地方！」然後帶我去到一個大山上，把一個自然的山給做成有園林的景，非常的美，但是很自然。我就覺得這個老太太很了不起，我就問她：「我們來自北京，你能不能來幫我們設計呢？但我沒有那個大山，只有樓。」她就說：「可以！」就做成這樣了。

陳文茜：你認為中國內需經濟過於依賴房地產會出現什麼樣的副作用？

張　欣：像今天老潘打電話給我，我有很大的一個感觸，他到了內蒙古的鄂爾多斯，他說：「我今天開車，要經過這個『鬼城』。」我就說：「什麼是『鬼城』？」他說：「『鬼城』就是蓋了很多高樓大廈、辦公樓，像北京CBD的大高樓、別墅，各種各樣的房子，還有博物館，但就是完全沒有人，空著。」我覺得其實政府要控制的是這樣子的投資，也就是這種完全沒有人使用，又蓋了很多，讓大量的資源浪費。可是在北京、上海CBD這種地方，這麼多人需要辦公樓，需要居住，你不供給，這不是辦法！所以，你不能這麼一刀切的。

陳文茜：你在英國留學很長一段時間，你覺得英國城市規劃在貧富差距上最值得稱道的是什麼？

張　欣：我曾經跟老潘說：「我覺得倫敦的方式就很好，你如果要蓋一個高檔的商品住宅，就給你一定的配量，由你開發商自己解決，你這裡面可能是根據地段不同，譬如這個地段可能二五％，你要蓋一些「低收入房」，由政府再去分配，如果開發商同意，開發商就要把這個全部做出來。」這樣的好處是什麼呢？就是在一個區域裡，不會說這是富人區，這是窮人區，而是很有機地把它融合在一起，但現在我們都不是這樣，都是一刀切，這一大片就是保障性住房，這一大片就是商品房。

陳文茜：二〇一三年，你做了幾個很重要的房地產布局，你說你不知道中國房地產的房價會不會繼續上升，但你認為必須分散風險，在紐約置產的時候，你第一個買下的對象是最重要的城市——紐約、最貴的地段——第五大道、最貴的大樓——GM大樓，也是著名的蘋果公司的旗艦店。一九八九年，日本人買下整棟的洛克斐勒中心，在那時讓很多美國人恨之入骨，你不害怕重蹈日本人的覆轍嗎？

張　欣：我沒有想到我二〇一二年投資房地產的事情引來這麼多的媒體報導，當然我可能小看了美國人，後來看到媒體的報導，我才意識到這個問題已經快速提升到政治層面上，不再是一個簡單的經濟行為。當然我做這件事時完全是一個簡單的經濟行為，由於美國人的危機意識，他覺得中國的威脅上來了，中國的錢進來了，買了我們第五大道最有名的大樓，但更讓我驚訝的是，中國的媒體也有這麼大的好奇心，鋪天蓋地的在報導這件事。

現在我們是在全球一體化的時代，這體現的是人也跟著全球化，一個美國人可以到台灣來工作，也可以到北京工作，你的資本是全球化的，中國的資本可以到美國去，美國的資本也可以到北京去，你的創造力也是全球移動的，外國最好的設計師可以到中國來，中國最好的設計師也可以到外國去，今天跟七〇、八〇年代的日本進入美國是不一樣的，我們在全球化的時代，不光資本在走、人在走，其他國家也一樣。我看今年（二〇一三年）在曼哈頓成交的大的物業，基本上後面的錢全部都是國際的，有中東、俄羅斯、中國的錢、新加坡的錢。

陳文茜：你的藝術眼光和執行力為你贏得許多頭銜，但是，你為什麼願意放那麼多心思在媽媽這個角色上？

張　欣：我的小兒子從小就愛踢球，有一天，大概他六歲的時候，我突然收到一封

「在全球一體化的時代，你的資本是全球化的，創造力也是全球化的，外國最好的設計師可以到中國來，中國最好的設計師也可以到外國去。」（圖為長城腳下的公社之竹屋，圖片提供．SOHO 中國）

英國人寫來的信，他說：「我的兒子和你的兒子在同一班，我的兒子告訴我，你的兒子很喜歡踢足球，而且踢的很不錯，我是一個足球隊的教練，我想邀請你兒子來測試、選拔。」我覺得挺好的，就帶他去了，結果就被選拔上了，從此之後，我這個小兒子就開闢了另一種新的生活，而且把我們全家都帶進了體育。我自己沒有機會（從事體育），但是，我看到小孩在體育的訓練裡，培養起來艱苦的意志力，控制自己情緒的能力，小時候輸球，生氣啊、哭啊、打架都有，可以一點一點怎麼扳成（改變），現在都校（正）起來了，我就發現人的很多潛能是通過很多不同的方式去發揮出來的。

陳文茜：你工作、事業那麼忙，為什麼堅持晚上不應酬，盡力扮演母親的角色？

張　欣：在我們小孩剛生出來的時候，不是沒有矛盾，常常為小孩有矛盾，中國很多的會都是星期六、星期天，我記得當時跟老潘（潘石屹）最大的衝突就是，我要他星期六、星期天不能開會，一定要在家裡待著，但是，他說他都已經答應別人了，我就說答應別人也不行，你現在得去告訴他們你不去了，他就說都答應人家不去不行，那我就說我去告訴他們你不去。所以，人家都知道老潘的媳婦（太太）不讓他去開會，慢慢的他們就不來（邀約）了。

陳文茜：你會在潘石屹的朋友圈中變成惡女人的形象？

張　欣：我都已經是惡女人了，就算了吧！

陳文茜：為什麼你覺得再富也要窮小孩？堅持讓孩子小時候去讀公立學校？

張　欣：我的孩子去公立學校也是迫不得已，因為你要是把他放在國際學校，他的中文就不夠好，無法學更好的中文，或是對中文有一個更好的體驗，我經常跟他說，中國十幾億的人就是在這樣的環境下長大，而且我就在這個環境裡長大，所以，你可以看到其他的東西都變了，但這個東西還沒變，他可以知道父母以前上小學是什麼情況。

他們表達了他們的不滿意，但我們跟他說，這也是你們做為中國人很重要的一個成長經歷。你把孩子放在公立學校他當然就是叫苦連天，天天考試，學很多東西，他老是告訴我學這些東西沒有用，跟他的生活離得很遠，但是，這給我們一個機會看到這些學校是多麼需要緊迫的改革。我覺得再大一點的時候，以後還是要出去的（出國念書），因為中國的教育實在是需要改革，最重要的關鍵是沒有把人隱藏的潛能發揮出來。

陳文茜：你怎麼看現在中國的年輕人？

張　欣：他們的環境是沒有辦法改變的，因為中國已經不再是三十年前的中國了。他們沒有吃苦的機會，但是，我覺得在一個不吃苦的環境裡，依然可以培養出有生活目的的人、有價值觀的人。

陳文茜：你的孩子知道你以前是女工嗎？

張　欣：知道啊，都知道。

陳文茜：他們說有什麼嗎？

「這麼超前的建築需要一定的勇氣。」(圖為望京 SOHO，圖片提供．SOHO 中國)

張　欣：「喔，媽媽，知道了，講過這個故事了。」

陳文茜：你會很擔心他們的將來嗎？

張　欣：擔心他們會沒有毅力，毅力會沒有那麼強，但是，他們不會變成被寵壞了的富二代，這個我有信心，他們不會，沒有給這個機會。

陳文茜：聽說你決定事業不傳子，五十五歲就要「裸退」，做慈善？

張　欣：我一直跟潘石屹商量，如何對待孩子的方式和我們自己的事業。你看海外的中國人，台灣就非常多，老子創了一番事業，兒子一定要來繼承事業，兒子不管做得好不好，都一定要上來做。所以，我們一定要記住兩個東西：一個就是千萬別讓我們的孩子到我們的公司裡工作；另一個就是該退休的時候，一定要趕快退休，千萬不要擋年輕人的道，才不辜負我們創造的這番事業。

陳文茜：你為什麼特別重視微博？每天都會花時間在這上面？

張　欣：在中國先富起來的這些人，沒有被認為是因為他們的努力、吃苦和智慧，因為沒有被這樣子的去認為，反而就是說他們就是腐敗！為什麼我和潘石屹都特別注重寫這個微博呢？以前我們都要接受媒體採訪，媒體回去之後，剪一剪、切一切，用你一句，不用你一句，都是不真實的，被誤解。現在我們的微博大家都可以親眼看到，到底這些人是好人，還是壞人，因為你每一天都在寫，你是壞人也不可能包裝這麼好，總有一天是要露餡的！

另外，就是你的狀態要讓大家都知道，譬如我剛開微博時，我覺得人家都很不理解，因為別人以前沒聽說過張欣，張欣就是富豪、就是壞蛋，一定就是不好。我是去年（二〇〇九年）十一月開始，發現粉絲愈來愈多，我現在差不多快有三百萬個粉絲了！而且這裡面有很多人，從新的角度去看待我，也就是張欣變成了一個更豐富的人，而不是說「張欣這位富豪等於大壞蛋」、「應該入監獄」，不再是這樣的認知了。

陳文茜：很多父母是禁止小孩玩微博，而你們是自己在搞微博？

張　欣：我的小孩禁止我們玩微博啊！他們要求我們：回到家裡就不准再搞微博！一天到晚都在微博上，他們覺得這是addictive，也就是會上癮的東西。因為我老跟他們說：「任何上癮的東西都是不好的！」所以，他們就說：「你上微博也是一樣會上癮的。」

此外，我的小兒子天天踢球，他的教練說今天不能踢球，因為今天空氣汙染，我問他說：「你怎麼知道今天空氣汙染？」他告訴我有一個APP，所以我就去下載「北京空氣品質」的APP，這是在朝陽區美國大使館裡，有一個每小時更新一次對空氣的檢測，用的是國際標準，也就是二．五個PM，小顆粒的，中國現在公布的是十個PM，大顆粒的，在中國公布的狀態裡，他可能告訴你今天天氣不錯，但其實已經很不好了，就是因為這個標準不一樣，所以我就跟老潘說這個不錯，我們上去微博推廣一下吧！他就放在他的微博上，他的粉絲量大，他一放上去大家就開始看了，而且一下子就引起大家的共鳴，很多人就開始談，說這個空氣品質怎麼不好，而我們公布的數據又不夠國際化，跟我們的感受是有差異的，在這個情況下，我就馬上看到微博的力量，它就促使政府監測局公布的數字要向國際發展，科技已經給了我們更多的科技渠道，我們的聲音可以透過很多方式被聽到，而這個聲音有積極的，有負面的，好像表面上我們沒有這種議會制、選舉制，但依然有聲音的渠道，那現在在中國聲音最響亮的渠道就是微博。現在中國的人都知道什麼叫ＰＭ二・五了。

（二〇一一年～二〇一三年）

張欣

ＳＯＨＯ中國創辦人兼總裁，致力在建築藝術與商業成功間尋求完美平衡。

柯文昌：微笑，面對人生所有相遇的事

□ 你只要覺得今天比昨天快樂，比昨天更有能力幫助別人，而且有做了一些事情幫助人，那你就是成功的。

□ 認為對的事情就要有耐心，雖然進步很少，可是每天一點一滴朝著那個方向去做，只要一直不斷的做，總有一天會有結果。

□ 一定要跳脫功利、金錢的輸贏家，如果方向對，並且全心投入，朝著對的方向努力，你就是最大的贏家。

□ 當你微笑的時候，你是自己的主人。

□ 一個好創投和不好創投的分野，是你有多嚴格、多認真面對你曾經犯過的錯。

林懷民：微笑，面對人生所有相遇的事

□我不覺得要跟一般社會觀念走，我有自己的標準。做不到那個標準，我才是輸家。

□耕耘我們的身體需要時間，在社會某一個角落耕耘一件事情，也非常需要時間。

□不要想當世界第一名，但要往前走，每天有一點進步，就會累積出成績。

□永遠有重頭再來一次的機會，只要你願意給自己。

□碰壁是必然，不碰壁的時候，一定是佛祖保佑。順利的事情很少，但左弄右弄，終究會走到那裡去。

□不要跟人家比，跟自己比，用自己的標準要求自己。跟人家比，很痛苦，沒意義！

陳文茜：雖然我不見得同意，但不少人感覺我們現在的負面能量很強，尤其來自於媒體、政治的負面能量非常強，為什麼這麼多人都會不斷提到台灣的政治惡鬥或者社會亂象、踢爆文化，而在類似的字眼裡，你們卻仍然覺得永遠可以看見台灣的好？

林懷民：開始關心社會時，會被政黨惡鬥，媒體亂象嚇壞，而且會非常生氣。我最近在讀一本很好看的書叫做《印尼etc.：眾神遺落的珍珠》，他們更慘，世界混亂，我們並不例外。我們常常會覺得為什麼是我們？是台灣？可是好像這是全球性的問題，或者說是有人類歷史以來的一個狀況。那些事情當然非常不愉快，可是如果陷進跟著媒體報導或政治人物的起落，那就日無寧日了。知道是這個樣子，心裡還是想做某些事，就面對那些事情，往前走！不然怎麼辦？我這個人頭腦很簡單。

陳文茜：所以你的答案就是「要不然要怎麼樣」？因為你就要做！所以你的方法是關掉電視嗎？你看不看電視？

林懷民：我看的時間非常的少。我上網看新聞，可是好像都不大有什麼新鮮的。雲門下個禮拜要去首爾，再去紐約演出，團裡年輕人沸沸騰騰的說：「他們要打起來！」我說：「不會打起來！」他們又不是第一天這樣嚷嚷，打不起來的。年紀大了以後就不會為一些事發神經，要保持內心的平衡，往前走。

陳文茜：柯文昌董事長你從很年輕時，就以永遠可以很正向的看事情出名，但是活到現在這個歲月，為什麼你成立基金會的名字叫做「台灣好」，而且到池上、苗栗推動「神農計畫」，之前當然也有非常多各種的社會投入，為什麼你始終堅信「看見台灣好」？

柯文昌：我一九七七年辭掉美國IBM的工作，回到台灣來，其實這中間台灣大風大浪經過好幾趟，常常有朋友對整個台灣前景感到悲觀，或者疑惑，當然大部分都是來自對政治亂象的失望，我常常跟他們講，這是民主政治的必然之惡，也就是全世界的政府都是爛的，但我們的政府並不是最爛，而我每次只要到外面走走，就會在台灣每個小鄉、小鎮碰到很多努力在改變他們自己命運的人，他們在一個角落安安靜靜做著他們有熱情、有信心的事，你看到這些這麼善良、這麼努力的人民，就會覺得台灣絕對是最好的國家，是第一名的國家。

這幾年來，工作需要，我全世界跑，每次回來，經常會有朋友問這個問題，我心中一直想做點事情，讓台灣的好被看見。所以，二〇〇八年，我九十三歲的母親往生時，我就覺得不能再等了，因為我以前常常跟她講這個理念，所以二〇〇九年的春分，我就成立了「台灣好基金會」，希望能夠到台灣的小鄉、小鎮去參與建立美好的鄉鎮文化，因為過去幾十年台灣的經濟成長，讓城鄉差距愈來愈大，我一直有個危機意識，怕晚一點有些鄉鎮獨特的美好會找不回來，而成立「台灣好基金會」就是希望讓台灣每個地方獨特的風景、人文、故事、歷史被看見，我們基金會就像一個相框，把這些美好的事情框起來，讓居民看得見，也讓訪客看得見，讓更多的人能夠像我這樣偏執的相信台灣是最美好的家園，這就是二〇〇九年，我成立「台灣好基金會」的一個想法。

陳文茜：「台灣好基金會」成立時，有一個滿有趣的典故對不對？你們幾個人討論基金會要用什麼名稱，結果柯文昌董事長想到「台灣好」？

柯文昌：是。我們成立董事會時，我第一個先跟董事們說，我們挑的是最困難的題目，因為找回、重建鄉鎮文化，並且讓人家看得見是需要五年、十年的功夫，所以，當時我就請董事們用十年做單位來衡量團隊的貢獻，而我們基金會做什麼事情也都用十年做單位，因為這些事情不容易看到功效，這也是為什麼政治人物不會去碰這些事，因為這不像放煙火一樣，立刻看得到。

當時我們的董事有蔣勳、殷允芃等人，大家都在腦力激盪，我們想到很多很偉大的名字，後來我就想，既然我們是要讓台灣好被看得見，那我們為什麼不叫台灣好基金會，但那時大家都跟我講不可能，這種名字一定已經被人家用掉，我說：「不會吧？我們就還是查查看！」所以，後來我們請會計師去查明，發覺「台灣好基金會」真的沒有人用過，那一剎那我真的呆了，真的命定要以餘生為台灣好努力。

陳文茜：我看到有一段訪問柯文昌董事長的談話，這個話很特別，因為柯文昌董事長他從很年輕時，就是一位很成功的青年總裁、企業家，當然他也跟著企業家朋友，在全世界很多的Villa、豪華地方渡假，但是，在池上他說了這麼一段話：「清晨你在台東池上的民宿醒來，四周是美麗的稻田，隨機停下與路旁農婦聊天，就是最大的幸福！我住過世界各地最豪華的渡假勝地，不曾感受這種與生命結合的幸福感！」

林懷民老師，有一次我訪問柯文昌董事長時，他跟我說：「如果他是法國人，他也可以在普羅旺斯，如果他是西西里島人，他也可以在西西里島裡找到這種幸福！」他曾經講過一句話：「不管你的故鄉是什麼樣子，故鄉永遠會給你最大的力量。」所以他說：「他住進了全世界最好的渡假勝地，沒有一個比得上池上的民宿！」您也去了池上表演，你在全世界最美麗的劇院裡都表演過，雲門四十週年時，你選擇在池上的稻田中演出，你的感覺是什麼？

林懷民：就是被池上迷住了嘛！它有很大的魅力，你一到那邊就繳械了，希望在這個美麗上再多添一分。在做這些讓台灣好的事情裡，你花了力氣，觀眾開心了，幸福就在那一點，在那個剎那裡。當你做出什麼事情，大家都會有迴響時，就覺得非常開心。

我們住在台灣，常常覺得這裡不好。可是我有好幾個外國朋友，包括藝術

「在做這些讓台灣好的事情裡，你花了力氣，它對你笑了，觀眾開心了，幸福就在那一點。」（圖片提供．雲門舞集）

總監、歌劇院老闆，他們到台灣來簡直瘋掉，不肯走。我說：「你為什麼覺得台灣這麼好？」他說：「我要回歐洲去了，歐洲沒有不好，可是下了飛機以後，你就知道你進了一個收藏很多古典東西的美術館，裡面東西都非常的美，非常的平和，但誰都不許動！」他說台灣人很漂亮，大家有知識，而且英文到一個程度，最重要的是態度非常開放。人好，也許是民族性的問題，但是整個環境讓大家可以這麼輕鬆。他說他沒有去過任何一個地方，包括瑞士，晚上走在街上可以不必驚心動魄，而且還可以示威、靜坐，有問題時可以設法解決。我們仍然有這樣的自由、空間去解決自己的問題。

這一句話我聽了非常的感動，因為我想我們的成長過程不一樣，今天我們看到很多的缺憾，可是在成長的過程裡，戒嚴解嚴是一個「檻」。一九八七年台灣解嚴了，同年新港文教基金會成立，那是台灣第一個鄉鎮地區草根級的文教基金會。一九八七年六月雲門到新港第一場表演之後，他們說：「我們不能常常有這樣的東西嗎？」過了不久，基金會成立了，席慕蓉的畫展出了。從一九八七年到現在為止，這個基金會仍然在運轉，他們也募款，大家的小錢進來，有圖書館，有環保活動，有卡拉ＯＫ比賽。本來卡拉ＯＫ比賽是在廟前，現在已經到每一個村子去比賽，我覺得在這裡面大家找到改變自己生活的可能性，不是等著政府來做。我不是不會灰心的，可是看到新港的朋友還在努力做事情就不能不振作。一群人不為私利，不為錢，不為政治地位，長期一起工作，那是一個很大的力量，我想那個力量來自愛自己的土地。

柯文昌：我補充一個事情，就是懷民剛剛提到我們在池上推動秋收藝術節，幾個農民提早播種，就可以提早收割，把舞台搭起來，可是旁邊一百七十八公頃所有的農民，一塊都不能收割掉，因為那會像癩痢頭一樣，結果村長把這個消息傳出去，所有的村民大家全部配合，你才能夠放眼看到那麼漂亮的一片金黃色稻田。

去年阿妹主動跟我們聯絡，說她身為台東人，看到台灣好基金會在台東做那麼多事情，覺得她應該回家鄉做公益演出，所以我們就幫她安排去年的大地之歌演唱會。結束之後，有一場記者聯訪，當中有很多香港來的記者，其中有一位記者說：「我們很羨慕你們台灣人，還有一塊地方可以愛！」

我成立台灣好基金會時，其實有一個很重要的想法，就是我們台灣處在一個很尷尬的地方，居然總統選舉時還在爭執你的國家跟我的國家定義有什麼不一樣，這也是為什麼我們不能隨著政治人物去起舞，頭都昏了。我們要的是認同這個土地、這個家園，所以我很鼓勵年輕人，尤其住在城市的年輕人，到外面、到小鄉小鎮走走，走在那土地上，跟鄉民有機會接觸時，大家應該很容易可以有一個共識，就是這是我們的家園，不管你叫它什麼名字，我們都最愛它，認為它是第一名的家園，最美好的家園。我相信，也希望台灣好基金會能夠建立這樣的願景。

陳文茜：現在有很多年輕人覺得他要打工壯遊，你會同意他們出國去擴展視野嗎？但是，你也會鼓勵他們在台灣的鄉鎮、家園、泥土裡壯遊嗎？

柯文昌：是！其實因為我做創投這麼多年，投資很多新成立的公司，看到很多年輕人創造令人驚訝的結果，所以，我一直鼓勵年輕人要全世界跑，眼光擺在全世界，要有大夢想，但年輕人的發展其實有很多選項，台灣好基金會另外一個期待，就是把鄉鎮的美好找出來以後，年輕人能夠返鄉，找到他們願意做的事情。

我這裡舉兩個小故事，一個是我在池上跑時，我們公司的祕書跟我說：「董事長，可不可以到池上幫我們帶兩條『愛戀65度C』的吐司回來？」我說：「那個吐司有那麼偉大？」她說在網站上訂吐司交貨要一年，今天我叫祕書查，現在變一年半了。創辦人潘金秀原來在台北是烘焙師傅，做了好幾年，練出一身功夫，可是大概不開心，所以就回到池上。她回到池上就一個工作室，沒有店面，在網站開始賣，因為她真有獨到之處，我上次回來也吃了，確實是很偉大的吐司，她就這樣開心的在池上創業。

另外一個例子也是在城市裡做過很多年事的張力尤，她爸爸在池上開瓦斯店，年紀大了叫她回家鄉幫忙管理瓦斯行，三年多前，因為她很喜歡做甜點、美食，而瓦斯行不需要她一直看店，所以就開發出我認為是全世界第一名的杏仁茶。她每天中午十二點開始磨南杏，我第一次去看時，才知道杏仁茶磨完以後，在煮的過程要加入米漿，而池上有全世界第一名的米，看她加入米漿時那種跟藝術家一樣的專注，充滿愛和熱忱，所以我每次到了下午三、四點就會騎腳踏車去，蔣勳跟我一樣，每天一定要去喝一碗張力尤的杏仁茶。所以，年輕人是可以回家鄉，或是挑一個你喜歡的鄉鎮去創業，尤其現在有網路科技，做生意根本不一定要在大城市，即便是開發電腦軟體也可以在小鄉小鎮。全世界有三樣東西是沒有國界的，就是人才、技術和資金，我們很希望台灣這些好都被看得見以後，十年、二十年，吸引全世界最好的人才到台灣來。

陳文茜：剛才林懷民老師說他難免有灰心的時候，但比起在座的人，你們相對是比較成功的人，你們可能不知道台灣現在網路上有一個名稱叫「魯蛇」，後來我才知道原來就是「loser」。他們這個世代以失敗為榮，但其實這是一種悲憤，也就是覺得「他們就是一群失敗者，但成功者很了不起嗎？」這些人變成了所謂的「酸民」。而你說你有時難免會覺得灰心，其實這裡有一個很重要的關鍵是人怎麼看待自己的處境？就我所知，你們從小其實也不那麼容易對不對？

林懷民：誰成功、誰失敗，這個線畫在哪裡？這是怎麼界定的？從小我的父母親就只許我念一個學校，就是台大。但我沒有考上台大，所以我是失敗者？什麼時候覺得自己是一個魯蛇？我不覺得要跟社會一般觀念走，我有自己的標準。做不到那個標準，我才是輸家。所有的人都一定要進大公司或科技公司做什麼嗎？不一定！剛剛柯先生在講賣杏仁茶的人，他做得很開心，你要知道他一個月賺多少錢嗎？如果你用台北企業界的薪水來看，他是一個魯蛇，但是，他又是一個幸福的人。重點是我們自己的價值觀。

柯文昌：我從很小的時候，媽媽就給我一個示範，教我「人生所為何來」，她說很簡單，你把它簡單化，你只要每天確認自己很快樂；第二，你要幫助別人快樂，你每天都要檢討這兩件事情，有沒有比昨天好一點？我們學過數學的斜率，只要每天你都覺得這個比較上的斜率是正的，正〇・〇〇〇一個%的角度都沒有問題，你只要覺得你今天比昨天快樂，比昨天有能力幫助別人，而且有做了一些事情幫助人，那你就是成功的。

我從小到大也挫折過，失敗過，可是只要我晚上睡覺前照我媽媽教我的，檢討我有沒有快樂一些、有沒有做一些幫助別人快樂的事，如果沒有做到明天再做，所以永遠不會覺得自己是輸家，我心中也一直在期待，我們台灣兩千三百萬的人，要是每個人每天都能做一件自己開心的事，多做一件幫助別人快樂的事，那就不得了，台灣真是一個美麗之島了。

陳文茜：如果你碰到一個舞者跟你說，有一天我想要當上雲門的首席、變成國際最知名的舞者，期望的薪水是四、五萬塊錢，覺得你們應該提供宿舍，而且認為你對他的所有要求，並沒有讓他的身體去尋找他應該要有的樣子，你要怎麼處理這個人？

林懷民：他不會來啦！就這麼簡單！

陳文茜：所以你也沒碰過這種人？

林懷民：沒有，或者他已經走了？我想說的是我經常從舞者、雲門的工作人員身上得到很大的鼓勵和激勵。他們常常就在那邊一直弄、一直弄，你覺得這個事情他做不到，但他就這樣慢慢搞，搞了一個月，做到了。我想耕耘我們的身體是需要時間的，在社會某一個角落專心耕耘一件事，也非常需要時間。剛剛柯先生說，台灣好基金會的每一個計畫都是以十年為單位，我覺得是要這樣想，也只能這樣想。

陳文茜：你有什麼樣的夢想會願意以十年為單位？願意慢慢一點一點，像一個啄木鳥一樣，一直去耕耘它，沒有人看見，過程中困難很多、煩惱很多，你不

「要是每個人都能每天做一件自己開心的事，多做一件幫助別人快樂的事，那台灣真是一個美麗之島了。」（圖片提供．台灣好基金會）

會發脾氣，不會想掀桌，不會隨時說我不要幹？會覺得經過十年我可以看到一點點成果是理所當然，要看到更多的成果要二十年，看到起碼像樣的成果可能要三十年？我想請每個人自己心裡開始問自己一個問題：當你敢說出來我是一個有夢想的人時，你願不願意以十年為單位？如果你不是，而是很急於得到掌聲、成就，因為通常只有政客才會做這個事，如果是企業，沒有以十年為單位，根本就不可能經營，是不是如此，柯文昌董事長？

柯文昌：是！因為我一九八九年成立普訊，到現在為止二十七年，我們投資了三百多家公司，協助一百五十幾家公司上市，我經常鼓勵每位企業的負責人，要扎根，把自己的功夫練好，不要求近功近利，而這個扎根有多重要？這一次蘇迪勒颱風，台北市倒了七千七百六十一棵樹，很多樹都很漂亮，可是後來我到處去看，都因為在馬路邊或是太多水泥，根完全沒辦法往外長，所以倒下去的都只有一小球根，任何一個企業要有成果，就是要盯著去長這個根。

一九八九年成立普訊時，我投資的第一家公司就是鴻海，那時郭台銘辦公室的椅子都是鐵椅子，很便宜買人家用過的，我坐在那邊開會一個鐘頭屁股都會痛，可是他堅持要買全世界最好的模具設備，非常貴的設備，跟他幾次會談後，我覺得他是絕對值得投資的CEO和公司。

陳文茜：他到現在還是這樣，桌子還很爛！

柯文昌：他就是始終如一。因為我準備要全力投入台灣好基金會，所以也開始傳承，我去年年底就暫停我的創投，做了最後一個投資案件，也是一個傳奇性的公司，這家公司在深圳，創辦人香港科技大學畢業以後，二十幾歲時就說他一定要發展全世界最進步的科技，而且要最好的品質，這家公司叫大疆（DJI），它現在在無人空拍機的市占率是全世界第一大的公司，他創辦時二十幾歲，現在才三十出頭，他用的每個零件都一定要品質第一，所以，你可以看到這些成功的公司就是要扎根。其實台灣好基金會也很希望能給這個紛擾的社會帶來一個訊息，那就是我們認為對的事情就要有耐心，雖然進步很少，可是每天一點一滴的就朝著那個方向去做，只要你一直不斷的做，總有一天會有結果。

陳文茜：剛才林老師談到第二個概念，我覺得很重要，值得繼續討論，也就是不要用社會的限制，或是以金錢物質主義的功利概念來斷定一個人成功與否！你爸爸要你念台大，這種是一個概念，薪水多少又是一個概念。人類有文明以來不是一直都是如此，其實是這幾十年來一個很重要的變化，你的價值不再用某些事情被界定，而是以你的得票率、掌聲、賺多少錢、財富來界定。林老師，你怎麼看這個現象？

林懷民：媒體喜歡這樣的東西。我的偶像賈伯斯，他年輕時花了很多時間找自己，甚至跑去印度。我最感興趣的是他休學後沒有宿舍，睡在朋友家的地板，還去學寫英文書法。你可以跑去印度很有感覺、追尋自我，做很多事情，留長頭髮都可以。但是，我想他在寫字的時候是安靜的，而且從這裡面得到很大的快樂，他是下工夫的。很多人分析蘋果的成功因素之一是它的字體好看。賈伯斯美學至上的要求，讓蘋果成功。總要找到一件讓自己願意全力付出的事情，從工作過程以及得到的結果獲得一種幸福感。

陳文茜：普訊一定會投資到一些所謂在獲利上失敗的公司，可是您會怎麼看這個？這算失敗嗎？

柯文昌：剛剛提到功利，其實我很希望能夠藉這機會讓年輕人重新界定、衡量自己的成功和失敗。我還是要回到我母親對我的教誨，你是否成功就是你是不是很快樂？是不是能夠幫助別人快樂？可是這並不代表你可以懶散，對於你做的事情你要有決心，在這點上，你要做到全世界第一名，不管做什麼事，如果都堅持這個原則，朝著你的快樂以及幫助別人快樂，你絕對是一個大贏家。

我每次到張力尤的店，看她煮杏仁茶，我都是立正站著表達敬意，她煮杏仁茶整個的過程，對她工作的尊敬以及出來的結果，讓我覺得她才是第一名，並且要為她脫帽致敬。我們台灣好基金會的店在全台灣找很多手作的創作者，我相信他們做每一樣產品都認為出來的東西一定是全世界第一名的品質。你一定要跳脫功利、金錢的輸贏家，如果方向對，並且全心投入，朝著結果努力，你就是最大的贏家。

陳文茜：你們兩位其實人生都曾經灰心過，灰心、失敗時，你們怎麼調整自己？

林懷民：就認了！一九八八年時，雲門也停掉過。我那時還算年輕，覺得我對社會不滿意，事實上只是自己累了，所以，一九八六年心裡已經知道要把雲門停掉。其實停掉雲門是一件很棒的事情，我的意思是，我把它當做一個計劃來推動，用兩年的時間慢慢把人送走、海內外的合約履行掉，最後把文件收好，舞團只剩下一堆箱子，雲門就停了。但當雲門復出之後，暫停這件事就變成前所未有的巨大財富。剛才柯先生一直在講要做世界第一，我聽了非常害怕。我不要做世界第一名，我只要活下去，復出之後，覺得沒什麼好怕，向前走，了不起把門再關一次好了，不會死。

陳文茜：關過一次門，勇氣會變強對不對？

林懷民：你就知道沒有那麼嚴重，不要嚇唬自己。不必想當世界第一名，但要往前走，每天有一點進步，就會累積出成績。種稻子要累積，磨杏仁茶需要時間，寫花體字需要時間，所有的事情都需要時間。我從來不覺得雲門暫停是一個失敗，我覺得我是完成了一個計畫。這件事變成我最大的助力，覺得最壞不過只是這樣，我是這樣看待這個事情。

柯文昌：我從小到大看我媽媽碰到很多挫折，可是我印象中她永遠都在微笑，後來我也變成一種習慣，直到有一天，我讀到一句話：「當你微笑時，你是你自己的主人，這就是為什麼所有的佛像和菩薩都像在微笑！」所以那一剎那才曉得，我從小到大從來沒有看媽媽愁眉苦臉過，即便她獨自一人時。她的一生其實非常苦，所以我每次碰到什麼挫折，就會想，比起媽媽從小遭受的挫折，我的挫折根本就是微乎其微，想到我要做我自己的主人，就微笑出來，笑久了以後，會發覺真的能夠當自己的主人，掌握自己的情緒。

陳文茜：我記得柯先生曾經跟我說過，你媽媽教你四個字：寵辱不驚，如果把這個道理加起來，要做到就很難。「寵」就是所有人都覺得你棒得不得了，「寵不驚」很多人可能不見得做得到，「辱不驚」不只是說你難免會想：「怎麼會有這麼離譜的事？」但你一定要立刻在一分鐘內告訴自己，如果你對這種事還會生氣，表示你的修練不夠！接著什麼事都不要做，不用去處理它，除非你真的又犯錯，犯錯就好好反省自己，下次改進。可是，如果這個辱來自於想辱罵你的人，那是他的問題，不是你的問題，這個叫做不驚。也就是你不要驚動自己，要處變不驚，因為一個這麼想恨別人、毀掉別人的人一定很痛苦，我覺得要做到這四個字很難，因為大多數的人都會迷失在掌聲當中，一被羞辱就哭了、崩潰了，完全不敢面對自己，你們怎麼做到這個部分？

林懷民：我不會這樣想，我不活在這樣的一個範圍裡，我有我自己的考試題目。我做自己的考試題目，跟外面的事情不大相干。我曾經得過很多獎，在西方國家也有，編過很多大家願意一看再看的舞，可是這一些都不保證我下一個舞是好的。也有些時候，觀眾都站起來發瘋的拍手，我仍然知道哪個地方還沒有搞定，我一直都有自己的考試題目在做。

外面那個事情我很「驚」，因為如果不受歡迎，票會賣不出去。這是雲門的事，演完回去後，我還在算這個帳。我總是在琢磨這些事情。政治人物惡劣的事情可以讓我發瘋，可是如果掉進了我自己的考試題目時，那些事就會變得非常遙遠。坐捷運時，常有人笑嘻嘻跟我說話。這是寵嗎？大家看到你就笑，是恩寵，很溫暖。但是，我忘不了自己的考試題目。

柯文昌：我媽媽是示範給我看，我相信她是自己要求自己要比昨天快樂，比昨天更有能力幫助別人，她也告訴過我，當別人給你辱的時候，你如果有同理心、慈悲心，會發現那個人很可憐，所以，當你能夠用慈悲心、同理心看待事情時，你就會不驚。其實我媽媽不曉得這四個字，我是事隔多年，突然讀一本書看到這四個字，我才大吃一驚，這不是我媽媽一輩子對我示法的原則嗎？

陳文茜：在掌聲中迷失自己好像是人性，林老師你同意嗎？一個人如果沒有自己的考試題目，就是我對自己夠了解，知道自己哪裡沒做好、哪些事情對我重要，如果他沒有一個屬於自己打分數的方法，他真的會迷失在掌聲中？而迷失在掌聲中，他的危險是人生不可能永遠一直有掌聲？

林懷民：或者他覺得他受到很大的屈辱，覺得他活不下去了，也有這種可能，但是，我還是覺得即使賈伯斯，也幾乎繞了一圈去追尋，然後才定在寫字這個事情上。所以，有些時候白頭髮的人很可惡，總在講一些人生結論式的談話！年輕人還是要去試試看，要知道一切都不會死，不用怕。把雲門停掉，不是說就要把事情放棄，而是說你也可以再把它關掉，從頭開始，你永遠有再來一次的機會，只要你願意給自己。

陳文茜：柯董事長，如果你投資失敗，譬如說你本來看好這個人，結果從獲利來講他失敗了，你會用什麼方法處理？

柯文昌：我從成立普訊以來，全公司都知道一個要求，投資這種事情你一定會犯錯，所以，一個好的創投和不好的創投的分野，是你有多嚴格、多認真的面對你曾經犯過的錯。我在公司裡常常要求要檢討失敗案子，幾乎不做成功案子的慶祝，檢討失敗的案子不是說大家來彼此指責，而是了解從最開始找這個案子到評估到投資管理，到底哪一個環節犯了錯，主要目的是要把經驗快速累積起來，當你把這些錯誤的經驗累積起來，就不會徬徨、不會怕。

陳文茜：每次的失敗都是最好的老師！

柯文昌：是！就是懷民講的沒有什麼好怕的。我們曾經有一個案子投資失敗，一賠就是十幾億，我們也曾經一個案子，賺過台幣一百多億，可是那種賠十幾億的案子我覺得還更重要，因為那個教訓可能更寶貴。

陳文茜：所以我可以告訴很多人，人生的失敗經驗遠比成功經驗對你的人生寶貴？

林懷民：不要跟人家比，跟自己比，用自己的標準要求自己。跟人家比，很痛苦，沒意義！

陳文茜：兩位的特色第一就是都很知道自己要什麼；第二，都很正面思考，但是其實在這個社會裡，有能力做到正面思考的人並不多。有一本在美國賣得很好的書叫做《祕密》，我很認真的去翻，發現第一頁到最後一頁，主要講的就是正面思考，每個人都知道這個道理，可是這本書為什麼會那麼暢銷？因為每個人都做不到，要做到真的很難，可是我發現不管在哪個領域裡，至少他可以活得很快樂，可以堅持走在他的路上，很清楚面對各種所謂成功，不迷失，也就是寵辱不驚，我們不要用成功、失敗或輸家，不要用這個角度來看，他可以很清楚的用十年、二十年為單位，可是正面思考的能力要怎麼樣訓練出來？

柯文昌：人生中很多事件，你若換一個角度來看，事情可能是正面的，我一直相信所有的事情如果用正面的角度來看，一定能夠從中間受益，這是一定的，純粹看你怎麼看。同樣地，你要想清楚是不是要做自己的主人，你第一個當然要先微笑，從另外的角度看了以後，就發覺沒那麼難，而什麼事情一定都有兩面。

陳文茜：（二〇〇八年）大年初六那一天，雲門的練習場被燒掉，我看到林老師的臉色很沉重，柯文昌做為雲門的董事也趕到現場，我想問你們兩位，當天你們的腦中在想什麼？

林懷民：那時我在想我們還有多少合同還沒有履行！我第一個想到的是馬上要到紐約古根漢美術館演出，紐約之後還要去西班牙以及歐洲幾個城，服裝要趕快重做。那一天是大年初五，第二天大家要上班，我要確認第二天報紙登出來的不是完全負面的東西。雲門的新聞稿上寫著我們還要繼續工作，要完成所有已經規劃好的演出，我們沒有喪氣。你不能夠說一開年雲門舞集就滿地打滾，哭哭叫叫。別人家會失火，你家就不可以？那麼多人癌症，你得了癌症就覺得老天爺很不公平，世界哪有這種事情？所以那天沒有時間想別的，就只想把這些事情做好。而且，像柯先生，還有很多的董事，都來看我們，給我們支持，讓我們覺得免驚，不會死。

柯文昌：我那時想到雲門一直都在違建裡，認為代表台灣的雲門不能在這種鐵皮屋

「火滅了以後，我要確認第二天報紙登出來的不是完全負面的東西，我們還要繼續做這些事，我們沒有喪氣。」（圖為 2008 年雲門火災後與舞者重回排練場，雲門舞集提供．劉振祥攝影）

繼續下去了，一定要想辦法給雲門一個家。那時我只想到這個念頭。我想談一下台灣好基金會對參與每一個鄉鎮都有三階段的計畫，因為把一個鄉鎮的美好找回來很難，要以十年做單位，可是我們也要有步驟，這六年來我們學得一套步驟，第一個階段是一定要先有專責的人駐在小鄉、小鎮，跟當地人互動，一開始只能做兩件事情，我要求基金會同仁先從淨鄉、淨村做起，第二是綠化，因為這種事大家不會有不同意見或反對，但可能要做相當長一段時間，才能建立彼此了解和信賴。

第二階段就去找出那個鄉鎮的特色，營造出那個鄉鎮獨特的祭典。以池上做例子，池上是稻米之鄉，所以我們在池上推秋收藝術節，讓它變成池上的一個祭典。邀請雲門表演的那一年，池上的人說他們都利用這時把親戚朋友邀到池上來參加秋收藝術節。第三階段則是找到那地方的長期可能性以後，我們希望能樹立永久的模式，讓它變成平台，所以第三階段我們在池上成立了藝術村，把老房子租下來裝修好，並且提供他們在池上的費用，邀請畫家在那邊住上半年，最理想是一到兩年，希望十年以後，畫家會自己主動到池上去住下來，有個池上畫派。蔣勳就是我們第一個駐村的藝術家，他在那邊已經住了七、八個月了，他告訴我，到池上住一段時間以後，更喜歡台北，比較不討厭台北。

陳文茜：這種正面思考能力我覺得會不會跟家教有很大的關係？我們看到柯文昌的母親是如何給柯文昌影響，林老師，我也很記得你的母親給了你很深的一些影響，是嗎？

林懷民：我的母親好像沒有像柯文昌母親那麼好，她要求非常多，如果我考九十八分，她會說那兩分拿去哪裡？洗碗的話，她要我洗到乾淨為止。我們家的孩子輪流洗碗，她會讓我洗五次。

陳文茜：看起來很像你在訓練舞者的樣子？

林懷民：沒有錯，我是被她訓練出來的。做事情要有耐心，對人也要有耐心，如果我沒有耐心，雲門不可能做了四十幾年。我還是要回到賈伯斯的例子，他寫美術書法需要耐心，但那也是有趣的，從工作裡得到快樂非常重要。如果人生裡做了很多的事情，最後只是為了獲取銀行的數字，過程也不快樂，我覺得很不好。

八〇年代，我第一次到峇里島時，很吃驚，當地居民都覺得峇里島很棒。老太太英文講得不好，卻問我：「你從哪裡來？峇里島漂亮嗎？」她眼睛瞪著我，逼著我說：「Yes!」我問她們：「為什麼你們會這樣覺得？」她說：「我們過得挺好的，沒有很多現代化設備，但是我們的水在那裡，宗教在那裡，空氣在那裡，拜拜在那裡，什麼都很好，如果不好，像你們這種外國人為什麼從全世界跑來看我們？」

我覺得現在的池上有點那種狀況：最後建立起來的是一種信心。台灣許多小地方弄好了，兜起來就是一個大的東西。不管什麼樣的政府、政黨如何輪替，老百姓還是要過日子，我們要用自己的辦法讓日子過得更好。但是，說到最後大概不是磨磨杏仁茶就可以。若要讓整個社區好起來，需要團隊合作。要讓政府改變，需要更大的團隊合作。我想，這些事情在台灣都有機會和空間，大家都可以再繼續試下去。

陳文茜：我們剛剛提到正面思考，食品安全曾經在台灣變成很大的議題，我們要怎麼解決台灣的食品安全？有什麼正向的方法可以做？柯文昌的方法是神農計畫，這就是一種正向的方法，你要不要談一下？

柯文昌：台灣其實不大，我們可以從一個個小學、一個個鄉鎮做起，神農計畫就是先從苗栗的小學開始，讓所有的孩子都能夠接受到食農教育，知道怎麼種出健康的食物，讓他們每天都吃有機的營養午餐，因為孩子是我們的希望，如果孩子從小就有根深柢固的健康、環保、有機觀念，加上一所學校的有機營養午餐就可以讓幾個有機小農有固定的生意，健壯長大。

所以，我的理想是從苗栗的小學推展。一開始時，我只個人贊助三個小學，之後也是我們台灣好基金會第一次對外募款，目前已經有六家企業毫不猶豫的加入，有九個小學參與，我準備要推廣到十幾個小學，等我們做完苗栗以後，希望也能讓其他縣市看到、參與。

台灣其實不用妄自菲薄，島其實就是我們的優勢，如果我們一個個小學、一個個鄉鎮的推下去，整個島都可以變成有機島，變成世界的一個典範，因為人類不能再這樣瘋狂下去，一直破壞環境，毒自己、毒鄰居，我希望神農計畫可以從根本做起，但這個需要的時間更久，也許要十年、二十年、三十年，可是一定要開始，而且只能從民間做起。

青年提問

提問　台灣現在有一個很大的問題，前一陣子鄉民有提出來，叫不尊重專業，關於這個問題，你們怎麼看？

柯文昌：不尊重專業當然是很大的問題，專業就是專業，你在台灣每個角落看到有人默默、專注的要把一件事情做到最好，這其實就是職人的精神，也就是要做到最好的專業精神，所以這個評論在於領導者，因為過去台灣有個問題，就是認為「官大學問大」，一官大就什麼都懂，但這絕對不對，當然專業的人一定要自己站穩，碰觸到自己專業的問題，要非常堅持，不然害了自己，也害了組織，我只能呼籲年輕人將來你們在自己的專業裡，要專精學習，堅持專業，並且以十年、二十年、三十年為單位。

提問　柯先生你有做過創投公司，我想請問如果在偏鄉做社會企業有沒有機會？有什麼建議可以給我們年輕人？

柯文昌：這是非常好的問題，也是我們這個時代年輕人的優勢，你們可以選擇在這麼年輕、有活力、可以冒險、不怕失敗時，就直接去做社會企業。我在台灣已經看到一個趨勢，台灣好基金會也一直在留意，有哪些年輕人有理想。社會企業其實它有兩個目的，一個就是要創造社會影響、對社會有貢獻，第二是經濟上能否自給自足，當然第一個目標永遠是要在第二個目標之前，你一定要確定你對社會是真的有正面的貢獻，才能被稱為社會企業。其實我是覺得這是很好的創業方向。

各位大概知道竹山「天空的院子」，創辦人何培鈞其實就是社會企業的例子，他應該已經接近損益平衡，他不只做出很高的品質，也有很大的影響力。我們基金會一位顧問曾經問他需不需要幫忙，他表示活得還可以。我兒子也在去年成立了社會企業，把美國的教育計畫「Leader in Me 領導力教育」帶到台灣來，這是很難賺錢的事業，卻對台灣的教育非常重要，尤其是從小學就開始做起，我也很高興看到他也有很大的進展，在第二年時，他跟我說，已經可以不需要賠那麼多年錢了，不過，我還是告訴他，最重要的是確定你對社會教育的貢獻是正面的，第一個目標一定要達成，我很鼓勵青年人在台灣各個角落發掘機會，用社會企業的方向來做。

提問

柯董事長講到回鄉創業，讓我想到小確幸這個名詞，我想問你怎麼看待現在青年人的小確幸？我們回去創業要面對的是怎麼生存和市場現實的落差，你們曾經青年到現在，是如何實踐你們的目標？

柯文昌：開創社會企業當然比開創賺錢的事業還更困難，因為你要去說服投資者你的社會使命和社會影響是有意義的，如果要回鄉創業，你第一個要能夠把理想、熱情感染出去，而這就要累積。你如果一開始嘗試失敗，其實是可以先找一個你認同、且有理想的公司做一段時間，年輕的好處就是你可以大量、快速的學習，不怕失敗，你可以回去蹲兩、三年的功夫，再嘗試出來創業。

像剛剛提到潘金秀她成立「愛戀65度C」之前，在台北大概也做了好幾年的烘培坊，各種辛苦的工作都做過，所以累積出足夠的專業、功夫和信心，能夠說服人，不用怕。也就是要回鄉找到你的熱情，傾聽自己的心，不要擔心別人怎麼講，這也是寵辱不驚。我前陣子看到但丁講的一句話：「走你的路，讓他們去講他們的。」如果你問自己，這是你的熱情，覺得對社會很有貢獻，一定可以做出跟別人不一樣的成果，就繼續去做，不要氣餒，每天只要檢討我有沒有進步一點點就好，祝福很多年輕人能夠回鄉創業。

陳文茜：林老師，雲門一開始也有碰壁過嗎？

林懷民：我認為碰壁是必然，不碰壁的時候，一定是佛祖保佑。順利的事情很少，但是左弄右弄，終究會走到那裡去。要知道走在街上的人都很了不起，他們一定都失敗過、挫折過、失戀過，但他們都活得好好的，我們也不會例外。

陳文茜：全世界的經濟衰退是我們現在年輕人很挫折的原因，想問兩位，如果你們現在二十歲，面對目前這個狀況，會做什麼樣的選擇？

柯文昌：經濟循環有一個樂觀的地方，就是掉下去的會再上來，所以，這時如果要去就業或創業，可能以為自己怎麼這麼衰，出來正好遇上不景氣，可是從另外一個角度來講，這是你挑公司最好的時候，有句話說：「當潮水退時，才知道誰沒穿褲子」，現在是潮水退時，你可以好好去挑現在有穿褲子的公司，進去努力練功夫、本事，不景氣時，就一定要把功夫練好。

創業也一樣，開始就碰到最艱辛的時候，就把體質弄好，降低資金消耗率，也就是投資業所說的公司錢燒得多快，不景氣時，自然比較容易控制資金消耗率，因為找人共事時，大家就會願意用較低的薪水來共同創業。所以，從另一個角度來講，這應該是開始的好時機，如果前面都很順利，不幸後面垮下來，你根本沒有能力抵擋，或者挑一家公司，以為它很偉大，結果潮水退了以後，它沒有穿褲子？所以，不要被景氣嚇壞了，掉下去又會上來；第二，好好的學習、訓練、投資自己，站穩功夫，將來你絕對前途未可限量。

林懷民：如果我二十歲，我會覺得很簡單，手機不換可以吧？沒有都（敏俊）教授的髮型不會死吧？找不到事情，找兼差的工作也可以！最重要的是圖書館不要錢，也許你可以用這個機會看到整個天空。上一代的人學校出來就進了職場，一個工作走到底，有房子、汽車、孩子。現在那條順當的路沒有了，但你可以看到更大的天空，可以早點知道很多事情，有很多種的可能，別人的例子不必就是你的例子。我知道經濟壞了，整個的狀況不太好了，可是我們可以看看哪些事情是我們真正需要的。我們需要那麼多嗎？你必須找出你真正需要的，讓你快樂的那件事情，不管是磨杏仁茶，還是去種有機蔬菜。

柯文昌

台灣創投教父，以深耕在地文化為志業，用身體實踐對土地的大愛。

林懷民

由傳統美學舞出當代意識的編舞家。

台積電志工社張淑芬：氣爆之後，我們選擇挽起袖子

□我不會只聽別人報告，我要去實際摸到、感覺到問題，才知道可以為他們做什麼。

□我沒有因為我先生是誰而改變我自己，我反而是用他公司的資產來走我更要走的路。

□我做我的，你要也好，不要也好，我就是走我的路，這樣才能當志工，若是你用社會的眼光看自己，平衡自己，就會做不出任何東西。

□除了工作之外，人生還有不同的價值存在，不是只有工作上的表現，把你在工作上學到的東西，拿出來用在別人身上，就會有一加一等於二的效果。

□做志工要用智慧，要看你參加的志工社是不是可以保護你。也要先認識自己再去做志工，要是做得很苦，這個志工就不要去做。

台積電志工社莊子壽：氣爆之後，我們選擇挽起袖子

□小時候成長的環境比較辛苦。我在花蓮長大，小時候受了很多親戚朋友、長輩的幫忙。五〇年代的家庭，很多都很窮。父親是工人，工人就是有做工才有錢，沒有做工就沒有錢。

□你一旦投入志工領域，看到因為災難而受苦的人，心裡面就會產生：「我有能力為什麼不要幫他一把」的想法。

□當你跟居民接觸時，你會發現，社會需要有人去幫助他們，我常常認為，不只要去救窮，也要救急，否則他們過不了那一關。

□每個人在人生的階段會有不同的際遇，有比較窮苦的時候，也有能力比較好的時候，有能力時，工作之餘如果可以為社會多做一點事情，我覺得非常好。

□社會畢竟需要大家的關懷，不是只是一味批評，我喜歡大家一起去做，而不是怎麼去講，講畢竟比較容易，做才比較實際。

陳文茜：在高雄氣爆事件中，台積電志工社如何開始決定全面參與援助高雄氣爆？張忠謀董事長如何授權？我記得新聞裡有一句話：「救災經費沒有上限，這是董事長說的嗎？」

張淑芬：這是他事後跟我們講的，因為沒去之前我們不曉得要做什麼，只知道台積電先不要捐錢。發生當時是晚上，第二天我們決定不要當天下去，因為一定很亂，那天是禮拜四。隔天我就打電話給莊子壽處長，約好禮拜一坐高鐵去台南，那時公關跟我說，很多媒體都在等我們說要捐多少錢，所以我問董事長，金錢方面怎麼辦？他說你去看了以後再告訴我們，錢不是問題，就是把事情做好，而且要做得快，解決人的問題。

第一天我們到現場時，發現一個景，兩個情。因為莊子壽處長他的專長是建廠，他建了十幾個廠，知道台積電可以做什麼，所以他說要鋪路、造橋，但我看到的是災民有家歸不得，玻璃全部壞掉，裡面都燻黑了，需要工人和安定心靈，我們兩個看到不同的事，但我們當場就決定該怎麼做，第二天就去跟公司講，而那時估出的價錢，不曉得公司能不能付，我沒有直接問董事長，是請救災團隊去請示，董事長表示金錢沒有上限，讓處長做起事情來心無掛礙，可以照我們的腳步去做，所以那時我們該做的也做了，不該修的也幫人家修好了。

陳文茜：我想請問為什麼第一個不是捐錢？我不是說捐錢的人不對，因為這是一種學習，每個人都有一份愛心，可是什麼是幫忙別人最好的方法，為什麼你第一個想到台積電救災的方式不是捐款？

張淑芬：因為我們一直走在第一線，我知道第一線花出去的錢，跟捐出去的錢用途不一樣。所以，我捐錢時，都會問行政費用要多少錢，因為一塊錢對公司來講，也是股東的錢，而董事長平常也在講，不能浪費錢，所以我平常是把一塊錢當兩塊錢用。所謂的救災經費，對股東而言是一個責任。

另外，八八水災時，我們直接參與救災，公司總共捐了兩億，一半捐給政府，一半我們自己用。結果九十七家學校，我們三個禮拜之內就幫他們修復了圖書館、淹水的地方和廚房家具等等。後來問莊子壽我們花了多少錢，他說有些廠商根本不拿；有些就隨便你給，所以錢並沒有花完。這個經驗讓我覺得，援助高雄如果能直接參與，除了快之外，也會把錢用得很有效益。當然希望不要再發生災難了，但若是能直接去做，那種感受會跟捐錢很不一樣。

陳文茜：你終究是個董事長夫人，尤其是張忠謀董事長需要你照顧，你去到高雄那個現場，不害怕嗎？

張淑芬：要去之前，很多人叫我不要去，可是我覺得我要去，因為我的個性不走第一線，不知道可以為他們做什麼。我不會只聽別人報告，我要去實際摸到、感覺到問題，才知道可以為他們做什麼。我們曾經帶受災小孩出去玩，這些都是在現場看到他們的恐懼才知道該做什麼。

確實會有恐懼，例如，當時看到很多人在招魂，看到路不平，看到店家無助的眼光，援助高雄氣爆讓我學到很多，例如，我去救災中心問他們缺少哪些物資，以為他們需要洗衣粉，但他們說，這裡是城市，用錢就可以洗衣服。所以，沒有到第一線你學不到，但希望將來不要用上就是了。

陳文茜：張淑芬社長非常客氣，其實他們面對很多危險，例如八八風災協助蓋學

「我的個性不走第一線，不知道可以為他們做什麼。我不會只聽別人報告，我要去實際摸到、感覺到問題，才知道可以為他們做什麼。」（圖片提供・台積電）

校，當時路都還沒通，下面都是懸崖。請教處長，你搖頭是想起當時八八風災救災的恐怖嗎？

莊子壽：對！當時我們去的時候，路都還沒通，甚至要靠工程車幫忙，四輪傳動吉普車才可以過得去。而且，有些路我們修到快好時，因為一場雨，又壞了。下雨使得地質變得非常脆弱，所以就算修好了，可能一個月後下雨又壞掉了，滿辛苦的。

陳文茜：台積電是現在年輕人，除了當廚師之外，最想進去的公司，是一家夢想公司，它的股價很好，但是你在台積電當到處長，蓋了好幾座重要的晶圓廠，工廠的節能節水系統都是你負責，但你穿得一身樸素，參加志工社，去到最危險的地方，包括高雄氣爆的災區。想問你在一個高科技公司，在一個追求功利的世界裡，是什麼精神，讓你一而再、再而三的代表台積電走在救災的第一線上？

莊子壽：我想我自己也喜歡這個工作，畢竟小時候成長的環境比較辛苦。我在花蓮長大，小時候受了很多親戚朋友、長輩的幫忙。五〇年代的家庭，很多都很窮。父親是工人，工人就是有做工才有錢，沒有做工就沒有錢。而颱風季節一來，可能三個月沒辦法工作，就沒有錢過日子，生活是這個樣子。我之所以喜歡建廠，除了是自己的專業，也因為建廠的工作可以和相當多的人互動，感覺好像和自己的父親在一起，後來我投入志工，因為我以為自己在新竹工作可以改善家庭生活，讓爸媽日子好一點，沒有想到當我開始可以安定時，母親已經……（哭）。我想幫助窮困的人媽媽會很高興。我們工地有很多工人，久而久之就喜歡這個工作，也因為喜歡，所以才可以做出一點成績出來。

陳文茜：你蓋台積電的工廠，我不吃驚，但你怎麼會一而再、再而三的到救災現場？

莊子壽：就像夫人喜歡做志工一樣，你一旦投入志工領域，看到因為災難而受苦的人，心裡面就會產生：「我有能力為什麼不要幫他一把」的想法，這是最基本的初衷。實際上，我們志工社平時有比較小的活動，去幫助需要幫助的人。像八八風災，協助台南的小學復原或是阿里山的產業重建，我們當時投入了相當多的時間。最主要是，當你跟居民接觸時，你會發現，社會需要有人去幫助他們，我常常認為，不只要去救窮，也要救急，否則他們過不了那一關。

所以，不管是八八風災或是高雄氣爆事件，尤其氣爆事件的感覺更深，因為八八風災我們是三、四個月之後，才到阿里山的現場，可是氣爆我們隔幾天就去，看到災民無助的眼神、失望的表情，充滿驚恐和害怕，好像沒有明天。當時他們只要聽到稍微大的聲響，就往外衝，看看外面是不是又爆炸了，活在極度的恐懼中，但又不能離開那個地方。當然，我們能做的只是很簡單的事情，建廠是我們的工作，所以，幫他們修房子對我們來說很簡單，也一定可以幫他們做好，就做了。

陳文茜：剛才張淑芬社長說你們修了什麼不該修的？

張淑芬：送電視。

莊子壽：因為我們救災是有一些原則，比如說要跟危險、住家安全，以及淹水有關的部分才幫忙修理，不可能無限上綱去幫人家把舊房子修好，一定是因為氣爆受損的才修。比如受災後門壞掉了，小偷會跑進去，跟他的安全有關係，我們就會修好。或是屋頂破一個洞，那時常常下雨，睡到一半棉被都濕了，跟他的生活有關係，我們會幫忙修，但是如果是牆壁舊了，要油漆，我們會覺得不重要，反而認為修理紗窗比較重要，因為災區淹水、積水會有登革熱，所以我們派了非常多的工人，先幫忙把紗窗修好，很怕登革熱對他們造成二次傷害。

陳文茜：你等於是用像台積電看到下一代的技術競爭是什麼，就先看到下一個災難會是什麼，覺得天氣很熱，又一直下雨，你想到登革熱可能會在高雄發生？

莊子壽：對，那邊一直積水，而我們志工社一直在做老人服務，我們對獨居長輩又更關懷。

陳文茜：那裡有多少位獨居老人？

莊子壽：總共有六戶。所以，我們給同事的目標是未來十五年，這些獨居老人不需要再修房子，幫他們完全修好。除了幫他們把壞掉的電視修好，沒有電鍋，就幫他買電鍋，冰箱不行，就幫他換一個冰箱，房子也幫他重新油漆，家具也幫忙弄好。

陳文茜：大多數的人你們是救急、救危險，防止登革熱，但是對於獨居老人，你們就做了額外的事情？

莊子壽：這是志工社應該做的，就算我們沒做，志工社的伙伴也會去做這些事。

張淑芬：最主要是，專業的人在做的時候，不專業的人就退到第二線，我能做的就是打電話給他們加油打氣，甚至送我念經加持後的菩薩照片，讓這些人帶在身上。

陳文茜：你怕他們又氣爆？

張淑芬：有一個禮拜天，我在電視上，看到有家電視台在播放志工社救災的畫面，當時天氣很熱，他們在鋪路，我看了就跟董事長說，你們公司的人真的很偉大，然後立刻打電話到現場，表示很捨不得他們，他們當時跟我講一句話，我永遠記得。他們說：「社長，我們是自願的，是我們自己要來的。」

那時我在家就一直哭。

陳文茜：那時氣溫大概三、四十度？

張淑芬：真的很感動，這些人能付出。所以，我覺得我們沒什麼了不起，那些在現場的人才是真正精神可嘉，應該得到掌聲的人。

陳文茜：他們都是台積電的員工？

莊子壽：不是，有很多是附屬廠商的工人，也有我們志工社同仁在現場，但很大一部分是我們的營造廠。我們有兩家營造廠，達欣工程和互助營造，一個負責把道路修好，一個負責把房子修好。

陳文茜：可能很多人都認為高雄氣爆是台積電得到最多掌聲的救災行動，但我要告訴大家，這不是台積電做過最大的救災工程，其實最大的反而是八八風災那一次？

張淑芬：因為八八風災我們做的時間更長，範圍更廣。

陳文茜：我記得那時張淑芬社長打電話告訴我，她不只把學校修好，還讓工程車想辦法上去，準備把那裡所有的農產品賣出來。覺得不是只要讓他們有學校，還得讓他們生活下去，而在那個過程裡，大多數的媒體都沒有報導，但你們覺得這是該做的，也不是為了媒體報導去做這件工作？

張淑芬：那時，我們幫他們把茶葉和竹筍廠建造好，也替他們修好住宅，甚至也教他們怎麼用網路賣農產品，後來為了讓他們過年，也在我們幾個廠讓他們擺攤子，我當時還拿了擴音機，到處叫台積電的人來買。

陳文茜：妳當叫賣員？在台積電叫賣的時候，有人知道你是誰嗎？

張淑芬：應該知道吧！因為我在餐廳跟他們說不要吃，用剛剛拿到的紅利，趕快去買！所以，那年那村莊的農曆年過得還不錯，有上百萬的收入。他們謝謝我，我說不要謝我，只要把你們學到的經驗告訴別人，同樣去幫助其他人就是回報。台積電做很多事情，都是默默在做，希望能感化別的企業也去回饋。

陳文茜：台積電樹立了非常重要的典範。第一，你們在社會有一定的號召力，而且本來就有很多協力廠商，你們透過平常的合作協力廠商發揮最大的效益。第二，默默做公益，不見得每件事情都把它當成行銷跟宣傳。八八風災後，我接到張淑芬社長的電話，她告訴我，她需要我的幫忙，不是風災最嚴重時，也不是台積電在那裡蓋學校，而是她要幫那些災民賣農產品，需要外面的人來買東西，這件事一定要有人報導。

他們代表一個精神，除了對企業，也對年輕人造成影響。現在很多年輕人都想做社會企業，在這幾年裡它突然成為流行的觀念，此外，我們都想做志工，但什麼是你奉獻社會和做志工最好的態度？首先是態度，其次才是方法。一個人稱董娘，穿著優雅，但是願意捲起袖子去當時如同地獄的現場，而莊子壽處長到今天為止永遠沒有忘記，他是出自花蓮一個工人、窮苦家庭的小孩，我覺得這些態度非常重要，不要覺得自己是董娘，不要覺得自己今天已經是個人物，在哪一家公司，非常成功，而且永遠記得這個社會有需要幫助的人，然後盡其所能，這樣的態度才是對的？

莊子壽：我覺得這是滿好的態度，每個人在人生的階段會有不同的際遇，有比較窮苦的時候，也有能力比較好的時候，有能力時，工作之餘如果可以為社會多做一點事情，我覺得非常好。社會畢竟需要大家的關懷，不是只是一味批評，我喜歡大家一起去做，而不是怎麼去講，講畢竟比較容易，做才比較實際。

陳文茜：很多女性覺得她人生的願望，就是嫁給一個像張忠謀這樣的男人，長得很帥、學問很好、事業很成功、很尊重你、生活無虞，很多人會覺得你只要去做貴夫人，在上流社會裡往來就好，你為什麼會這麼不一樣？

張淑芬：我想是天生個性吧！第一，我從來不把自己當成貴夫人，因為我就是我。志工社的同仁都知道，我帶他們去吃路邊的東西，到台南時，事情做完後我們就一攤一攤去吃，包括碗粿、四神湯、炒鱔魚、豆花、花生湯，吃完還叫他們帶回去給太太、朋友吃，我沒有因為嫁給了董事長而改變自己。去菜市場買菜，人家盯著我看，我還是會說這個能不能試吃，我去買東西，也還是會問有沒有折扣。我先生也要我不要去吃路邊攤，不過我還是沒聽他的話，去吃就是了。

當然我先生很好，我很幸運，他是一個很正直的人。可是這並不是我挑選的條件，我沒有因為我先生是誰而改變我自己，我反而是用他公司的資產來走我更要走的路。莊子壽一直沒有講，事實上在半年前，我們兩個有約定，就是講好我們這輩子，要盡我們的能力去幫助別人。所以，我要找他做事很容易，因為我們各有各的方向，用我們所擁有的東西去幫助別人。

陳文茜：比爾．蓋茲昨天剛好過五十九歲生日。他在五十歲生日時，許下一個願望，就是他這一生賺了非常多的錢，這些錢對他而言，不只是權力，更是義務。所以，他希望從五十歲之後，可以幫助世界上許多貧窮的地方和沒辦法克服的疾病，這九年下來，他的基金會的確做到了，而你跟莊子壽處長相約這輩子想辦法幫助人，為什麼你會有這個念頭？

張淑芬：因為那時正好他母親過世，我知道他心裡很難受，但也幫不上什麼忙，不曉得怎麼安慰他，就跟他講，我們去幫助別人吧！他就說好。我一直跟他合作，知道他的個性跟我很不一樣，他很穩、很冷靜，曉得台積電的員工可以做什麼，我則腦筋快、嘴巴快、做事衝動，所以兩個配合得很好。我有個好處，因為台積電有台積電的文化，我不懂，志工社的人會跟我講，這個能做，那個不能做，我會接受，也知道用自己的愛幫助別人，並不是用錢去走，這個我把關滿緊的。

陳文茜：當地的居民從來不知道地底下有這麼危險的東西等待他們，從那一刻開始，他們不只是恐懼，而是產生一種對生活極大的不信賴感，心想真的只有這一條嗎？只有這一家嗎？難道沒有別條的石化管嗎？如果腦筋轉快一點，有能力走的，就會走掉，他們對生活產生很大的恐懼感，你那時看到的災民是這個狀況嗎？

莊子壽：沒有錯，能夠離開這個災區的，就先去避難，市政府實際上也有提供旅館，可是台積電剛去的時候，大部分的人不知道每天那麼多人進進出出要做什麼，當然有些人可能會認出，但我想剛開始居民對我們沒有感覺。

陳文茜：你們說要造橋鋪路，他們知道你們是台積電的人嗎？

莊子壽：我們後來有穿背心，戴帽子，因為識別很重要，畢竟社會還是有很多騙子，災區的人都怕，所以我們會穿著我們的背心，挨家挨戶查訪。當然剛開始我們先找里長開會，跟里長報告，台積電希望幫居民把房子修好，但有一些條件，比如跟氣爆有直接關係的部分，或是涉及居住安全的地方才優先施工，請里長幫忙宣傳，畢竟里長跟當地居民比較能溝通。另外，我們也印了很多傳單，到每家門口跟他們說我們的電話，表示願意幫他們修房子，剛開始大家也是半信半疑。

陳文茜：你要讓所有人都做好心理建設，了解這個世界本來就是千奇百怪，也就是閩南語說的「一種米養百種人」。不要覺得你對人好心，對方就會感受到，他不能感受不是因為他是壞人，而是他的生活經歷裡，並不覺得世界那麼單純，畢竟每個人來自不同的角落，有不同的人生歷練，他可能也曾經相信過別人，結果那個人真的是詐騙集團。

莊子壽：其他人會跟著開始，因為左鄰右舍還是會互相討論，說我們做的有沒有比他們自己做的好，漸漸就會有口碑，有更多人願意打電話找我們，讓我們去家裡丈量、修理，大概一個禮拜到十天左右，情況就正常了。如此一來，不管是工作團隊或居民，大家在互動上就會變得很積極，剛開始起步一定會比較慢，為了取得居民的信任，我們也在當地設辦公室，而且很正式，不要讓他們覺得我們會落跑。

陳文茜：請教張淑芬社長，你比較熱情，可能走進一個災民的家，就跟他說，我可以幫你修這個，並且拿一個加持的佛像給他，但如果對方說我不相信，拒絕你，並且說你們做不好的，如果碰到這種狀況，你會哭出來嗎？

張淑芬：不會，因為這是你自己要做，不是別人怎麼看你的問題，要是有人用不同眼光看你，而你放在心裡，就沒辦法踏出第二步。所以，我做我的，你要也好，不要也好，我就是走我的路，這樣才能當志工，若是你用社會的眼光看自己，平衡自己，就會做不出任何東西，所以只要做自己就好。

陳文茜：我沒有看過有一個夫人坐在台上說：「我不認為董事長做的事情有什麼了不起。」張忠謀董事長，想請問你聽了感覺如何？

張忠謀：我想假如我沒有像現在把台積電經營得那麼好，張淑芬恐怕也沒有發展的機會。

陳文茜：那時太太下去氣爆現場，你事先知道嗎？

張忠謀：我知道。

陳文茜：同意嗎？

張忠謀：不但同意，而且鼓勵。

陳文茜：你不覺得危險嗎？

張忠謀：並不覺得，高雄人都住在那邊，我想也不見得會有什麼危險。記得爆炸發生是在禮拜四的深夜，禮拜五就有很多公司開始捐錢，禮拜六的報紙馬上就有一個表，哪家公司捐多少錢，大概都是一千萬元左右。我就跟太太講，這實在是沒什麼道理，我們在九二一大地震和後來的八八水災，兩次都捐了很多錢，結果過了一年以後還沒用掉。政府也好，或是民間也好，拿錢的單位通常根本不知道該怎麼用。對捐錢的企業，我也不是那麼同情，總覺得好像捐了錢，就表示已經盡了責任。所以，我那時就跟太太講，假如能夠出點力就出力，就像八八水災，我們是自己用錢救災，並且用在刀口上。我沒有要求她去，她完全是自動自發，表示她要去，而我很鼓勵。

陳文茜：很多年輕人今天在這裡其實是抱持著，當我有一個想要奉獻社會的心，該準備好什麼？第一個就是準備好一個真正完全奉獻的心，不求回報嗎？

莊子壽：心裡面一定要想著這樣。

陳文茜：第二個是張淑芬社長說的，可能別人並不了解你在做什麼，但是只要你問心無愧，這很重要。第三個，即使你抱著完全奉獻的心，別人並不了解，還是要講究一些對的技巧和方法，像你設立一個站，證明你不是詐騙集團，或是先去蓋好幾棟房子，讓不信賴、持懷疑態度的人知道，你們對他們是真心的？

莊子壽：對。

陳文茜：等到最後，災民掛布條的那一天，工程師出身的你哭了嗎？

莊子壽：沒有。我想居民會感謝台積電可以理解，因為我們陪著居民從恐懼、無助的情況下，到可以用笑容面對生活，這個過程中，我們知道居民會謝謝我們。只是我們不知道居民自己做了布條，把它掛上去，我當然有點訝異，因為我第一個感覺是這樣子好嗎？

陳文茜：因為你想要低調？

莊子壽：也不是想要低調，是我個人認為沒有那麼偉大，畢竟把房子修好不是太難的事，很多人都可以做，只是我們剛好去做了這個事情而已。當然謝謝我們很開心，只是我當下並沒有特別感覺，因為過程中我已經知道居民對我們很感謝。

陳文茜：做志工還有一個很重要的態度，除了技巧之外，要有一個始終謙虛的心？

莊子壽：幫人家當然也要有方法，但你千萬不要讓人家覺得好像你是施捨，千萬不可以。

張淑芬：看到紅布條時，我第一個感覺是不好意思。因為我跟處長想法一樣，不是只有台積電在做，於是我立刻打電話給公關，要他不要去宣傳台積電做什麼，因為裡面有很多人不是台積電員工。所以，最後我們壓低自己之外，還把每家協助廠商請到台上，將他們的名字都個別列出，因為我們只是一個起心動念，而有他們的行動、愛心，我們才能做出更好、更快的工程。

（二〇一四年十月二十九日）

青年提問

提問　董事長夫人有說，她比較在意自己做了什麼，比較不在意別人給他的眼光，可是當我們付出行動時，別人會給我們一些回饋，想知道在高雄氣爆救災活動裡，最讓你感動的事情是什麼？

張淑芬：最讓我感動的是坐在第一線付出的工人和工程師。因為那時的天氣不是很炎熱，就是下雨。有天下雨時，他們正在鋪水泥路，我打電話到現場要他們不要淋雨了，他們表示沒關係，讓我很感動。另外，我也不懂，怕水泥路一鋪上去，下雨就會散掉，但他們告訴我不會，就在等雨停的中間搶修，這種精神正是我們做人的精神，相信用這種精神來做任何事情，就不怕失敗，不怕受打擊，這是讓我感動的地方。

提問　我想請問當志工需要很多的專業或專長嗎？如果一個人他什麼都不會，可以當志工嗎？能幫得上什麼忙？

莊子壽：志工可能有一些限制條件，像我們公司的節能志工，就必須協助處理電盤。所以，我們招募志工時，公司的會計表示要參加，就不行，因為怕他出勤時受到傷害，當中還是有一些專業技術上的問題。但是，我們還是有其他的志工，譬如，照顧老人的志工就沒有專長的限制，不過有些志工確實會有專長的限制，因為做志工，第一個是要保護自己，去幫助別人當然很好，可是也不可以讓自己陷入危險，這是張淑芬社長給我們的基本原則。

陳文茜：照顧老人要什麼樣的專長？

張淑芬：做志工要先認識你自己，因為你要和服務的對象分享，這完全要看你的個性。我曉得我絕對不能到醫院裡當志工，因為我去醫院當志工，家屬都還沒傷心，我就比家屬哭得還快，所以我不適合走進醫院。另外，我們台積電的志工叫快樂志工，因為我希望安全第一之外，我們志工搭乘的巴士必須從公司直接到服務地點，結束後大家再一起坐巴士回來。因為在服務當中，我希望他們快樂，沒有任何危險，所以，我往往都會自己先走第一遍後再讓志工前往。

例如，服務老人時，服務單位要求我們幫忙餵食物、推輪椅，但我跟他們表示餵食物不行，因為很多老人已經八十五歲以上了，有些人的食道不見得暢通，或是我們餵錯了，會引起危險，所以，我們通常是陪他們唱歌，教他們東西。我一直認為做志工要用智慧，而且要看你參加的志工社是不是可以保護你。此外，也要先認識自己再去做志工，要是做得很苦，這個志工就不要做。

陳文茜：你覺得自己做志工愈來愈年輕、漂亮、快樂？愈來愈富有嗎？

張淑芬：我剛進志工社時，莊子壽處長告訴我：「夫人，你掛個名就好了，我來做。」但他沒想到，我會做出那麼多東西，我最開心的是，以前我去台積電時，覺得那是一個冷冷冰冰的公司，現在台積電不是只有志工社，而是每個廠都有一個目標，有一個服務單位或去接觸的機構。例如，有些幫忙修房子，有些募款捐車子，最近我們就捐了三、四部車到老人之家和棒球隊，我覺得現在台積電的人比較活潑了，不那麼像工程師，而且出來服務社區時，像一群嘰嘰喳喳的鳥，回去時也很開心。

陳文茜：張董事長，你同意台積電因為志工社有些改變嗎？

張忠謀：我想她的心情因為做志工改變了。她從前沒做志工時，完全是以一個外人看台積電，所以覺得台積電的人冷冷冰冰。現在她負責志工社已經十多年，把自己當做是台積電的人了，我想台積電的人其實本質上沒有改變那麼多。

志工分享

我覺得這次整個活動印象最深刻的，就是我們幫小朋友舉辦夏令營，這完全是張淑芬社長的主意，當下會覺得要辦夏令營是多麼不可思議的事，因為他們的生活已經那麼慌亂，而夏令營是歡樂的場合，怎麼有辦法這樣做，但社長的思維比較不一樣，她希望把小朋友帶離災區，讓他們遠離恐懼，所以整個夏令營的主軸，是幫助小朋友建立勇氣，因為即將開學，希望讓他們有勇氣可以面對以後的人生，這是讓我印象非常深刻的一件事。

提問

董事長在十幾年前就有獨到的眼光，知道晶圓的重要，張淑芬社長去災區時也有獨到的眼光馬上知道災民需要什麼，你們是如何培養出這樣的眼光，不會著墨於當下氣爆的責任歸屬，而知道未來該怎麼發展，就像莊子壽處長也知道要先裝紗窗，而不是做其他事情，這些眼光要如何培養？

張忠謀：價值觀和眼光大概是從小培植起來，我成長的時代提供了很好的背景，讓我能夠培養好的價值觀。至於是什麼使台積電有這麼大的志工社，又是什麼使志工社能夠發揮相當的力量，是因為台積電一直把社會責任當做非常重要的使命。

前兩個禮拜我才做了一場演講，題目是「企業為誰而戰」，我認為企業為三個對象而戰，一個是股東，一個是員工，另一個是社會。其中社會是非常重要的，而且企業愈大，社會責任愈重。小企業也有社會責任，但相對比較小，對股東和員工的責任反而比較大。

如果台積電沒有這樣的價值觀，把社會責任當做使命的一部分，也就不會有志工社，也不會有張淑芬社長。我當然非常欣賞志工社去高雄氣爆現場救災，可是如果台積電沒有這種社會責任觀，也就不會有這些社會公益活動。

陳文茜：你認為企業愈大，社會責任就愈大，這聽起來很順耳，可是事實上，大多數狀況似乎不是如此，可是為什麼你堅持這一點？

張忠謀：因為假如一個大企業不認為他對社會有責任，就可能對社會造成很多傷害，一個小店沒有太多的社會責任，造成的傷害不大，但一個大公司可以造成的傷害很大。

陳文茜：請教董事長，台灣很多年輕人覺得自己沒有未來，他們的生活處境再也沒有比現在更糟了，你在他們年齡的狀況，我想你可以回答這個問題，你同意他們的感覺嗎？

張忠謀：我覺得現在其實是一個很好的時代，唯一不好的就是讓年輕人感覺他們似乎不需要做什麼事，好像壞事都是大人造成的，他們是受害者，我不知道這個印象是怎麼產生的。我年輕時，正值抗戰時期，但我們那一代的年輕人，沒有人認為這場戰爭完全是大人引起的，讓大家都跟著吃苦。我希望年輕人期許自己長大以後，改善社會。不要怪大人，要給自己一個使命，使社會比現在大人留下來的更好。或許大人做得不夠好，可是他們確實也盡了力，不要怪他們。我鼓勵年輕人更正面的面對社會。

提問

當有資源、有資金時，年輕人如何在最短的時間內，可以從創辦團隊到快速複製救災經驗？是不是有什麼管理系統或思維邏輯可以複製？一個公益團隊該如何運作和管理？

莊子壽：我認為管理還是跟經驗有關係，如果沒有經驗要做這個事情，幾乎不可能，就以高雄氣爆救災來講，我們到現場看了之後才決定要做哪些事情，而且要在很短的時間做出決定，你問我那些決策和判斷怎麼產生，我也不知道，因為那是工作中訓練出來的，就是看到一個問題，思考後提出解決方法，而這是要長期工作才有辦法訓練出來，要在很短的時間會這些技能，實際上不太可能。

張淑芬

沒有理論、不唱高調，出自生命歷程、發自內心關懷社會。

莊子壽

台積電新工處處長，讓愛心與智慧並行，用技能給予他人力量。

姚仁喜：我們集體的夢

□ 如果你用一種很單純，甚至幼稚的心態去面對所有複雜的狀況時，其實那些複雜的狀況會自動變的很單純。

□ 信心就是自己有把握，不必去看很多人臉色，或是遵守很多莫名其妙的規矩。

□ 我如果可以鼓勵大家做什麼的話，我覺得每個人都應該學靜坐。有一個很簡單的比喻，就是有一杯有泥巴、有髒東西的水，如果你將它放在那裡不要動，水自然慢慢的就會清澈。

□ 創作其實不一定是要想出從來沒有人想過的東西，而是要不斷修練自己的心，透過修練，智慧自然就會出現，設計自然就會跑出來。

□ 設計就是能夠一，就不要二，能夠少，就不要多。因為少是一種美德，而且是一種紀律。

□ 有些事情不能從實用的觀點去想，從實用的觀點去想，這個牆就一點用都沒有，可是沒有用的東西，往往變成最長久、最觸動人心的東西。

□ 如果每個人都深入去挖掘自己的根，和成長的特別之處，應該都可以開出不一樣的花朵，只要下工夫，每一個人都可以不一樣。

陳文茜：東海建築系畢業後，你去了美國柏克萊，後來回到台灣，開始投入建築業，面對被稱為「亞洲最醜的城市之一」的環境和建商，你為什麼沒有拂袖而去？為什麼願意留下來？

姚仁喜：從大學時代開始，我就很熱愛建築，當你熱愛一個東西時，就會集中精神，看著你喜歡的東西，也就是建築。所以，年紀輕時，剛剛出社會，我拚了老命就想做建築，不知道後面會有那麼多複雜的事情。當然，現在已經做了三十幾年，做了這麼久以後，有個感觸，就是如果你用一種很單純，甚至幼稚的心態去面對所有複雜的狀況時，其實那些複雜的狀況會自動變的很單純。

陳文茜：所以你是靠單純、幼稚生存下來的？許多人一開始通常充滿了理想，在走進一個現實的環境後，會面對建商希望你能妥協於他的美感，尤其是業主，但建築是很講究美學的行業，如果業主跟我說要改成那樣，我可能會說：「如果要把建築變成那個樣子，請你另請高明！」或者會說：「如果你要把建築蓋成那個樣子，不如把我送到墳墓裡。」也就是可能會和他們吵架，你所謂的單純、幼稚，是用什麼方法面對他們？

姚仁喜：建築不像繪畫或是寫書，是純粹個人的心智活動，建築需要跟對方溝通，不管是業主，還是同行，或是營造單位，它是需要溝通的結果，所以，面對方式可分兩方面來說，一個是盡量去溝通說服，這也是為什麼建築師要花很多力氣跟人溝通，這很重要，因為溝通才比較能理解對方在說什麼。其實人跟人之間的誤會，常常是因為聽到表面的事情，也就是有一個人說他喜歡粉紅色，但我受不了粉紅色，於是溝通就斷裂，但他講粉紅色很可能是在說別的事情，而這就要慢慢去溝通。

陳文茜：假設我現在告訴你，想把你身上的襯衫改成粉紅色，你要怎麼說服我？

姚仁喜：就是要談到真正的要求。因為我想也沒有人真的很堅持，一定要怎麼樣。但是，萬一碰到這種狀況，我覺得我們這個行業有個好處，就是可以不要做，建築師可以「有所不為」，因為沒有人可以強迫我們每一個案子都要做，有時沒有緣分只好放棄，這樣可能對大家比較好。

陳文茜：你的態度就是，第一，你覺得很多誤會來自於表面，所以你會溝通；第二，你覺得如果真的跟你的原則差太遠，就 Say No。

姚仁喜：對，但不一定是原則，有時就是因緣不具足，隨緣就好了。

陳文茜：你也不會把對方說成觸犯你的原則，認為人跟人之間不需要處於這種憤怒的狀態，這跟你的修行有關嗎？

姚仁喜：沒有。

陳文茜：跟你的幼稚有關？

姚仁喜：有關，絕對有關！

陳文茜：你們家裡一門三傑，從姚仁祿、姚仁喜到姚仁恭，個個傑出，我很好奇一個家庭，為什麼會剛好有這樣的三個兄弟？當然，可能是你的爸爸就是個很棒的建築師，或是從小給你們非常好的美學教育，但我聽說完全無關，那麼，你的父母是怎麼養出你們這三個兄弟？你覺得是什麼原因讓你有很多的自由意志？

姚仁喜：為什麼全部都做建築，很多人問了，坦白講，我說不出來。可是也許在我們那個年代，社會的開放性比較受到侷限的時候，算是比較自由開放的系所和行業。我很感激我的父母在那個匱乏的年代，從小就對我們很開放、很放任、很信任。

陳文茜：他們怎麼放任你們？

姚仁喜：讓我們要做什麼就做什麼。我在大學時，也就是六〇年代末、七〇年代初，那時我們都嚮往美國的嬉皮文化，聽所謂的搖滾音樂，看約翰藍儂頭髮亂七八糟的照片。我曾寫信跟我媽說，我要一個嬉皮袋，她就親手幫我縫製了一個！她從來不會像其他的父母，你不應該留長頭髮，不應該做這個、做那個，覺得這些都沒關係。

陳文茜：你覺得這種放任和信賴讓你們每一個人可以不斷去追求創意？

姚仁喜：會培養我們一種信心。信心就是自己有把握，不必去看很多人臉色，或是遵守很多莫名其妙的規矩。

陳文茜：我想問一個很重要的問題，從你好幾個作品裡，我發現你處理光、影、倒影、水、虛、實特別細膩，這些似乎是你作品裡最核心的意念。你對這些東西有一種迷戀，這跟你喜歡嬉皮，大學時組樂團，很不一樣。我看到你的作品裡，包括水月道場、蘭陽博物館和烏鎮劇院，都有一種雄壯，像是排灣族的、印第安人的、牛仔的，但是建築的倒影卻告訴我們這種雄壯是會波動的、流逝的，而且其實是很溫柔的，或是有一天會消失的東西。這種意境在你的作品裡，好像不斷重複？

姚仁喜：我想你提到一個很重要的事，就是建築到底是什麼？因為建築是做一個形狀、建一個造型，但同時必須藉由這個造型塑造一個空間，因為建築不是堅固的雕塑，需要一個空間讓我們可以進去使用。所以，實和虛事實上是同時存在的。所有建築師大概都是如此，年輕時比較喜歡做造型，因為造型比較掌握得住，所以往往花很多力氣在造型上，可是多年後，發現其實那個空間才是最迷人、最精采的，因為那是一個鏡頭移動的地方、人活動的地方。

所以，實體和虛體就出現在我很多建築裡。譬如，蘭陽博物館就是一實一

「有些事情不能從實用的觀點去想，從實用的觀點去想，這個牆就一點用都沒有，可是沒有用的東西，往往變成最長久、最觸動人心的東西。」（圖為水月道場／圖片提供．姚仁喜｜大元建築工場）

虛，烏鎮也是，因為虛實是我們的兩個工具，只處理一個就有點不足。第二，建築事實上是陽光底下的一個量體，因為光會穿透到空間裡，有各種變化，所以不管是光、風、影，甚至倒影等等，都是建築的一個元素，如果我們進一步把它提到更高層次，就像水月道場，就是在表現我們平常認為的實體，或者實象和幻象之間的差別，因為實象常常是幻象，而幻象其實可能就是全部的事情，這當中牽涉到一些哲學思維。

我很喜歡中國人的兩個字：「堂奧」。堂奧事實上是中國人講建築的一個總稱，堂就是廳堂的堂，就是當我們到了一個空間，把門打開，正對著所看到的空間，而在門後面看不到的那個空間叫做奧。日本人現在還用奧這個字，例如奧之細道，也就是說清晰的、看得見的、明白的，彰顯的是堂，可是建築有很多是曖昧的、隱諱的，但那也是建築的一部分，這兩個合起來才是建築。所以你說一面有印地安人的雄壯，一面有溫柔的部分，其實是一個東西的兩面，只有堂很難讓它變成好建築，也不能光講奧，因為奧是沒有講的那一部分。寫文章時，沒有說的那一部分，有時其實滿重要的。

陳文茜：你去年得到建築界最重要的大獎，美國建築師協會的榮譽院士，這個大獎形容你的建築結合了文化和歷史的功能，並且極具詩意，讓素材、造型和自然光交互輝映。美國的建築師，譬如法蘭克・蓋瑞（Frank O. Gehry），庫哈斯（Rem Koolhaas）、尚・努維勒（John Nouvel）這些現今最厲害的建築師，基本上都不具備你剛剛講的奧，都是在堂上下工夫，就是造型可能很特別，像尚・努維勒的法國國家圖書館，他打開兩棟建築物，就像一本書，雖然很厲害，可是欠缺讓人可以坐在那裡冥思的思考。所以這個獎特別提到你的詩意，以及你把東方的元素帶到建築裡，這個東方元素並不是說在廟宇上做了花俏的東西，而是你把東方的禪意放進建築裡，這在建築師裡是非常特別的，它是否也表現在你的日常生活和你給自己的文化修養上？為什麼工作那麼忙，你每天一定要靜坐？

姚仁喜：我如果可以鼓勵大家做什麼的話，我覺得每個人都應該學靜坐。有一個很簡單的比喻，就是有一杯有泥巴、有髒東西的水，如果你將它放在那裡不要動，那個水自然慢慢的就會清澈。我想我們的心大概就是這樣的狀態，我們生活的環境很複雜，每天有各種各樣的人、事、欲望、要求，所以我們經常被攪和到什麼都看不清楚，很可惜，我們沒有一個安靜的時間，讓自己變得清澈一點，任何人只要坐下來就會清澈一點，事情就會看得比較清楚，所以可以在五分鐘之內，完全看到所有模型上的錯誤。

陳文茜：你覺得靜這件事在你的創作裡，扮演很重要的角色。在你的人生也扮演很多角色？

姚仁喜：對！因為從東方的觀念來講，創作其實不一定是要想出從來沒有人想過的東西，而是要不斷修練自己的心，透過修練，智慧自然就會出現，設計自然就會跑出來，所以不必去想天花亂墜的事情。

陳文茜：聽說五十歲的時候，你跑到紐約去學電影？學了多久？

姚仁喜：一個月。

陳文茜：你為什麼要去學電影？

姚仁喜：因為五十歲了，覺得年輕時的一個夢想沒有實現。我一直喜歡說故事，喜歡影像的東西，年輕時很喜歡看電影，小時候自己畫漫畫、分鏡圖，所以到了五十歲覺得好像不做就永遠不會做了，就跑去學電影怎麼拍、怎麼寫，在四個禮拜裡面拍了四部電影。

陳文茜：當時你有一個建築事務所，業務也很忙，但五十歲時，你決定再去學一件事情，認為一個人若要變成有創意的人，即使到了五十歲，還是要做年輕時沒做完的事，雖然你還是熱愛建築，可是你覺得人不一定要一生只做一件事？

姚仁喜：當然不要，最好不要。我後來回來還寫了好幾個劇本，可是電影不容易，因為拍電影很複雜，要很多時間、很多錢，還有毅力，所以我現在想來有點渺茫。不過，我的佛教老師拍了三部電影，他也是一位導演，我都有去幫忙，算是過了電影的癮。不過，前一陣子一個事情又鼓舞我的電影夢，就是我看到一個報導，法國 Agnes B，她七十歲拍了她的第一部電影，所以還是有希望！

陳文茜：抱著夢想到底對一個創作者有多重要？這個夢想可能像你的建築一樣，是虛的，也就是你一直在講的無常。有一天你可能真的突然離開，變成一個拍電影的人，但也可能永遠都不會發生，可是你每天都想著自己可能做哪些事，這對一個一直在從事創作的人是什麼意義？

姚仁喜：我想是必要的，而且創作還有一件很重要的事，尤其是對我們從事建築的人來講，就是要把一個東西變成真的。也就是說，我們這一行不能光坐在那裡想建築，要想材料、東西怎麼兜起來，所以它是一個具體的東西。

陳文茜：如果我現在給你一個考題，你覺不覺得台北市政府的大樓很醜？像是一個台北市的大墓碑，如果把那棟建築物交給你，你要怎麼解決它？

姚仁喜：歷史上從羅馬人開始，第一件事情就是拆掉。但這事情比較複雜，因為民主時代，比較多元化，但我覺得也不能太怪台北市政府，因為那個設計是很久以前的事情，大概快三十年前設計的。

陳文茜：同一個時間，我們有國父紀念館，有王大閎這樣的人，有修澤蘭這樣的人，有中山樓這樣的建築，我不認為這是藉口，你覺得呢？

姚仁喜：這就要回到剛剛那個單純或幼稚的念頭，過去這些年來，我花了很多時間做公共建築，因為我認為一個公共建築應該要能提升人民的心靈，譬如西班牙在法朗哥政權結束以後，很多建築做得都非常好。西班牙建築師非常有創意，做出很多公共建築，例如馬德里的車站、賽維爾的機場，都令人振奮，而且你可以感受到整個社會對於這些公共建築有一種認同，會振奮人心。早年我比較沒有機會做公共建築，我設計的第一個主要公共建築是新竹高鐵站，我就是抱著做出一個讓新竹人驕傲、興奮的心情去設計，所以完成後，很多新竹人都認定那個高鐵站就是他們的門戶、地標。

還有像蘭陽博物館，我常常碰到宜蘭人跟我說，謝謝你為宜蘭人設計這個建築，聽到這句話我心裡就兀自得意起來，因為他們覺得那是代表宜蘭的東西，或是我有時跑到蘭陽博物館看到很多建築系的年輕人去那裡拍照，不過，讓我覺得最有趣的是看到一些阿公、阿嬤，對那個房子興奮地指指點點，讓我覺得非常安慰，因為一個公共建築跟人可以建立起一種關係非常重要。

陳文茜：以蘭陽博物館為例，你蓋在烏石港的旁邊，那個地方以前是很重要的漁港，現在變成是一塊濕地，對面龜山島，你如何使用當地的岩石，讓它對望著龜山島，利用那塊濕地，讓蘭陽博物館在那地方變成一個地景，而不像一個建築？也就是你為什麼會想要讓它跟龜山島遙遙相望，你了解龜山島對宜蘭的意義嗎？

姚仁喜：因為我看過黃春明寫的一些東西，很多宜蘭人跟我說，回家坐火車，轉了個彎看到龜山島，感覺就到家了。我想在宜蘭做設計滿特別的，就是有一種草根性的感覺，很多人會來參與，告訴我們故事。至於說為什麼會做成那樣，這是一個最難回答的問題。在創作上，因為我比較不是分析型的建築師，設計常常就是直覺、直觀，但這個直觀背後有很多思考，包括去了解那地方的地理、歷史、文化、人，跟他們對談，或者甚至在那個基地裡，感受一些可以看見，或是不可以看見的感覺，這些都會變成設計的因子，可是最後為什麼會出來這樣的建築，也說不出來。

陳文茜：你談到了公共建築，你投入的一個理由是，你覺得一個社會對鄉土的記憶、情感，或是對一個孩子，也就是下一代的美學教育，建築其實占了非常大的比例。所以，你會不會覺得其實做建築的人要有一種社會責任感，

「一個公共建築應該要能提升人民的心靈，跟人可以建立起一種關係。」（圖為蘭陽博物館／圖片提供．姚仁喜｜大元建築工場）

不是你完成一個建築，把它賣掉，賺一筆錢，不只是這樣，它其實代表很大的角色？

姚仁喜：是。我很景仰的建築師，倫佐．皮亞諾（Renzo Piano）曾經說過，建築是一個危險的社會藝術。他說你寫一本很爛的書，放在書架上沒有人看；你寫一首很爛的樂曲沒有人聽；可是你做一個很爛的建築，大家每天都會看到。所以，從這個角度，做建築要像你講的要有良心，要很小心，要負責任。建築師事實上不只是對業主負責任，還要對社會大眾負責任，包括從很多層次，例如從安全的層次、文化的層次、美學的層次。我深信環境會影響一個人，就是我們看到的東西、接觸的東西，因為建築是我們相處最久的一個東西。

陳文茜：最重要的是文化，很多人以為文化是文學，是詩歌，是其他，無論如何，影響人最深的其實是建築，因為它強迫每一個人看到。

姚仁喜：而且有一些是潛移默化。我舉個例子，像我在做復興小學的案子，我建議他們要用磚，不要用磁磚，因為磚，加上一點爬藤，很有學校的感覺。當然，他們很尊重我，可是卻一直問我，磚和磁磚有什麼差別？我跟他們說有差別，他們也因尊重而接受了，可是心裡面一直有個問號。我也跟他們說建築上講的規矩，幾公尺一個單位，不要變來變去。空間有一種隱藏的秩序，這也很重要，他們都聽了，但從眼神裡可以看出不見得聽懂我在說什麼。

可是當學校蓋完後，過了差不多一年，老師和校長都跑來跟我說，你講的對，磚果然跟磁磚不一樣！因為磚是活的，是一個一個燒出來的，不僅有溫度，而且每個都不太一樣，也會跟空氣中的東西作用，那些隱藏的秩序和線條，學生都有受到影響，但我不曉得是好的，還是壞的影響，不過，我覺得潛移默化在建築上滿重要。台灣有幾個缺點，一個是大家太實際，對於建築都只想到實用性，其實建築有很多超過實用性的面向，另一個是，我們的美學修養不足。

陳文茜：它使我們回憶起我們的故鄉，永遠跟醜陋相隨。例如，我剛往生的朋友韓良露，她一生遊走了很多地方，她很熱愛台北，知道台北很醜，但想盡辦法像個大聲公去鼓吹台北的巷弄文化，叫大家不要看建築，用別的方式來愛這個城市，愛這個城市或愛台灣這個地方，其實就好像愛上一個魔鬼情人一樣，它長得像魔鬼，但你只好不斷去看他的心很美，不斷去找他的優點，這點很痛苦。

姚仁喜：我想建築是一個漫長的過程，所以我們都很喜歡去義大利的一些山城。那種跟自然環境和整個地景、生活結合，是經過很長的一段時間變化出來的。因為台灣有它的歷史因素，五十年前我們這裡很多事情都是臨時的，我們叫臨時首都，所以凡事將就一下就好，可是一將就就將就很久。

陳文茜：烏鎮交給你的是一個將近千年的江南水鄉，你在那裡蓋一個現代的大劇院，可是要用一些古老元素，你就用了它原來的窗框，把船身的老木頭拿來做為建築的外觀，並開始想窗花、幻影，最後變成現代的大劇院。「文茜的世界周報」的記者跟著你去烏鎮時，你說你最得意的是，連船夫都稱讚你的作品，而他根本不知道你是誰，談一下當一個江南水鄉的作品交給你，你要蓋一個現代建築，對你來講那個考驗是什麼？

姚仁喜：烏鎮是一個很難的案子，我那時滿緊張的。因為在兩層樓的水鄉的尺度裡，要蓋一個很大的現代劇院，而現代劇院有很多要求，包括舞臺塔、大量的座位，也就是量體必定很大。可是總結來說，我覺得整個烏鎮經驗對我來講非常有意思，而且某個程度上具有某種象徵意義。第一，賴聲川第一次打電話給我，叫我去烏鎮時，我覺得這是一個夢，是江南水鄉要在二十一世紀完全恢復成為當年的樣子，這在別的地方找不到。

第二是要蓋一個劇院。劇院是我們去看一個明明知道是假的東西，可是我們卻非常投入，花很多錢買票，看得很過癮。所以，我們怎麼把對於中國水鄉、江南水鄉的夢變成一個建築，換句話說，有些設計一定要符合功能。譬如，一個劇院必須要容納一千兩百個人，可是材料、質感、光影可以變化，像劇院的窗花是比一般屋子的窗花大很多，可是這是攝影的技巧，小窗花和大窗花疊在一起時，你會產生錯覺，覺得它是類似的。又譬如，我們做的磚塊是砌城牆的磚，是平常家裡的四倍大，利用這樣的場景來加強這個夢。

陳文茜：為什麼我們到每個地方去，使用的顏色都很行禮如儀？如果要你在台大會議中心加點什麼東西，可以讓這個會議廳有所改變？

姚仁喜：加是危險的事情，要減，因為單純化通常比較保險。我常常在事務所裡跟同事講設計，就是能夠一，就不要二，能夠少，就不要多。因為少是一種美德，而且是一種紀律。因為人都是貪心的，都想要加。台北市為什麼很醜，一個很醜的事實因素，是大家都把窗戶推出去，可是推出去其實沒什麼用。貪心就會想要多一點，所以要訓練自己不要多，甚至少一點更好！

陳文茜：我在「文茜的世界周報」的臉書上寫了一段話：「建築本身是一種態度，它可以教導我們謙卑」，就是你講的，建築是危險的藝術，尤其是對大自然謙卑；另一方面，它可以教導我們掠奪，變成霸道的人。在北京，你特別做了函谷山莊，那計劃不大，也不小，比起你很多重要的建築，它算是很小的，但你覺得它對你想表達的態度意義非凡？

姚仁喜：那是很特別的基地，那個山谷是一個約四、五百公尺長的狹長山谷，到處都可以看到戚繼光當初蓋的長城。這段長城叫司馬台長城，很漂亮，我爬到上面去看，就覺得這個山谷很美，裡面有條小溪，夏天時水多一點，冬天時水很少，可是樹木、石頭都長得很好，業主想要做一個小型的高級旅館，大概六、七十間房間，我就在想，不要整地，把整個環境都破壞，所以就畫了一個圖，說我們來踮著腳走過這個山谷，讓所有的建築物都用最輕的方法站在那上面，至於人怎麼到房間，可以做一座二樓的橋，或是空中的橋，穿過每一個建築到房間，走在上面，你可以看到整個山谷，而山谷裡面的小動物、小蟲也可以看著你，因為牠不會被這個建築物的基礎覆蓋，或是因為整地，使牠們的居住空間被破壞，是一種共存的方法。

而且，整個建築物外牆都用再生木頭，當然可能你要走遠一點，可是這是很好的環境，既然來到司馬台了，急什麼呢？就慢慢走到房間。大陸他們都覺得這是比較不同的案子，因為我們圖畫出來以後還派人去現場放樣，如果柱子碰到比較好的樹、石頭，我們就現場移開，在大陸工地中很難看到不是全部鏟平樹木的狀況。

陳文茜：這對你來講其實是很重要的態度？你希望將來從事建築這個行業的人，不管是建築師，還是業者，都盡量不要破壞環境？

姚仁喜：就是要在意、關心。因為建築不只是房子，如同前面講到的堂奧，如果一模一樣的房子放在完全沒有樹的地方，或者沒有司馬台，它就不是這個建

「建築是一個漫長的過程，跟自然環境和整個地景、生活結合是經過很長的一段時間變化出來的。」(圖為烏鎮劇院／圖片提供・烏鎮旅遊股份有限公司)

築了。所以樹、環境、水、空氣都是它的一部分，不要把建築這個單純的事放得太大，建築這個元素其實是其中的一部分而已。

陳文茜：再來談另外一個作品——水月道場。我有好幾個香港的朋友來到台灣，認為讓他們最感動的，而且每年一定要再來的就是水月道場，對他們而言，這是台灣最迷人的角落，在那裡可以禪修，得到很大的安靜。

我的小說家朋友張小嫻，寫了很多愛情故事，很了解愛情的無常，她寫到情愛的分離，就像是走在水月道場裡，裡面一個框、一個框象徵人生的劫難，以及每一段不同愛情的情節，從初戀、悸動到分離，走在那裡，會不斷想像所有的愛情故事。走完後，看到布幔在飄，覺得布幔像是情人突然回來，跟她揮別，這當然跟你原來想像的聖嚴法師希望的不完全相同，可是她就真的每年回來禪修。

當時聖嚴法師給了你六個字，你一直想如何表達，你想到那裡的風很大，池子的水波一直在走，當月光照下時，月亮是在流動的，最後就看到無常兩個字。從烏鎮到水月道場，每一個作品，你都賦予它完全不一樣的概念，從裡頭產生出你的詩。設計水月道場時你在想什麼？

姚仁喜：它是一座寺廟，跟烏鎮不太一樣，但也有一樣的東西，因為我一直認為建築應該都是人們的舞台，只是演出不同的戲碼而已。所以，我們去寺廟會有不同的心情需求，一種不同的境界，而它是禪宗的現代建築，可以說沒有前例可尋，所以我就問聖嚴師父：「你想做成什麼樣子？」先問問他到底有什麼想法，他給了我「水中月，空中花」這六個字，這不只是禪宗裡的句子、猜謎，而是說一切都是幻相，也就是實相即是幻相。

聖嚴法師這樣回答，就表示他有一種意境要達成，所以不只是去猜，或參透這六個字背後的意義，而是最後建築出來的意境要符合、對得起這六個字，因為這是主意象，必須是虛幻和真實的一個平衡。於是我就想到了水、倒影和光，把佛之語用光的形式呈現，所以有金剛經的牆，以及心經照射到大殿裡面。我不是謙虛，但最後出來的東西，有很多是出乎我意料之外，包括心經的光進了大殿，在夕陽西下時，心經在柱子上轉，很多人都說像西藏轉經輪，或是那個字緩緩在大殿裡面移動時，有說不出來的感覺，大家都感受得到。而那個水池進去以後，讓所有人，不管大人、小孩，都會自動坐下，安靜坐上一陣子，那個氛圍有很多不是想出來的，而是變出來的。

陳文茜：大家都說寺廟裡滿吵的，即使日本的寺廟也很吵，可是進到水月道場，因為你用了很多字體是鏤空的，白天有日光打進來，晚上有月光，所有人躺在地上，不講話，很自然的完全靜下來，是一個幾乎沒有什麼聲音，不會有人看手機的一個殿堂。你做了一個特別的事情，就是把金剛經文五千多個字用水刀刻在一百六十片的板材上，這應該很難，聽說錯了就要重來，而且用水工刻，別人不幫你做，同業的人都說你是個瘋子？

姚仁喜：很多人一開始都說我發瘋了，表示絕對做不出來。實際實驗後，確定做得出來，也很感謝營造廠沒有走，堅持把它做完。因為中國字五千個字，每一個字都不一樣，而且要刻在七、八公分厚的水泥板上，很困難。不過，有些事情不能從實用的觀點去想，從實用的觀點去想，這個牆就一點用都沒有，可是沒有用的東西，往往變成最長久、最觸動人心的東西。

所以，我跟大家說這個不瘋，我們只是把它刻在水泥板上，中國古人為了

「建築不只是房子，樹、環境、水、空氣都是它的一部分，不要把建築這個單純的事放得太大，建築只是其中的一部分而已。」(圖為函谷山莊／圖片提供．姚仁喜｜大元建築工場)

金剛經做過很多瘋狂的事，中國人發明印刷術事實上就是為了要印金剛經，傳播這部經典。也有人把金剛經刻在米和核桃上，甚至泰山石玉，整個山都刻著金剛經，一個字大概差不多六、七十公分乘六、七十公分那麼大，那才是瘋子，我們做的還算簡單。不過，我聽說很多去寺廟裡的人，會從第一句「如是我聞」開始，慢慢的走，一路把金剛經念完。

陳文茜：談一個超越建築本身的事，我們做事情都會碰到困難，而你為什麼會用這個方法說服人？

姚仁喜：因為我們團隊對手工藝很有興趣。手工藝基本上就是把一個事情做到很好，就像我手上的 iPhone 玻璃看不到它怎麼裝上去，可是很簡單，裝四個螺絲釘就解決了，我們為什麼跑到故宮去看那些老東西，到全世界的博物館去看藝術品或手工藝品，就是因為有人的努力和手工藝所呈現出來的美學，使我們內心的一個東西被觸動了，所以才一直去看。我們現在做的也是一樣，當我們可以花精神把這個做出來，包括把烏鎮的磚砌、木頭做成那樣，為了金剛經牆投入心力，最後可能對於美學、藝術都有一些幫助，不然生活不是很無聊嗎？建造房子都只是講究功能，那沒什麼意思，寫文章都是寫生活規矩，這種條文式、公文式的東西很無聊。我們應該要寫一些好像沒什麼用的東西，可是事實上很有意思的東西。

陳文茜：你提到了故宮，當時故宮要設南分院，當然有各種不同的想法，很多人會擔心嘉義的故宮未來會不會變成蚊子館，因為別人都像你說的，用公文式的想法在想故宮南院，但第一，什麼人看了台北的故宮還要跑去嘉義民雄看故宮南院？第二，如果真的要把故宮裡的東西都搬去那裡，很可能會發生遺失國寶的可怕事件。你若不完全移過去，只是把它當成一個展覽，那個地方周邊的人口，是不是有那麼多博物館人口，能不能帶動周邊觀光產業？如果從這些思考來看，它唯一的決定性因素就是建築。後來聽到是你得標，就覺得有希望了。現在看起來真的很漂亮，就是我們集體的夢，一個讓嘉義當地人等待那麼久的集體的夢，它真的不完全需要靠翠玉白菜，實在很美。

姚仁喜：我希望不斷製造大家新的共同記憶，地方的發展都是這樣，我希望故宮南院以後也變成嘉義的一個共同驕傲和記憶，就好像蘭陽博物館一樣。我們當初設計時，它沒有典藏，有的是一艘捐贈的破船，現在放在裡面，可是已經變成大家共同的記憶。故宮比較沒有問題，因為故宮裡面展覽的東西非常好，可是在全新的造型和展示環境、裝置上，包括旁邊有湖和我們設計的橋，都是以一種新的經驗去看故宮珍藏的東西。

陳文茜：對於台灣少有的博物館，你想的是什麼？重新蓋南院故宮時，你主要思考的是什麼？

姚仁喜：有一些啟發是從中國書法而來，也就是三筆書法：濃墨、飛白、渲染，這是中國書法很基本的概念，但把它轉化變成建築的一些元素，其中一個是實的量體，包括典藏和展覽，因為故宮的東西不能見光；另一個是虛的量體，湖的這邊有圖書館、大廳、餐廳、辦公室，第三個是渲染，穿過基地的一個動線，所以未來這個空間的經驗會很精采，也就是進去大廳，然後飛上去是一個很大的樓梯，穿過橋，進去以前，完全看不到其他地方，只看到天空的竹林的院子。

陳文茜：但是，當時很多人說故宮南院絕對不能蓋，因為八八水災時，這個基地淹水了，而你卻因為既然淹水就它讓變成一個湖？

姚仁喜：淹水可以解決，就用湖。農禪寺也淹水，是用水池。

陳文茜：所以淹水不是一個議題，因為你不只跟業主溝通，也跟大自然溝通？

姚仁喜：一定要尊重。這種大自然的力量非常大，不可能抗衡。

陳文茜：你做建築三、四十年，最快樂的時光是什麼時候？

姚仁喜：快樂是短暫的，快樂不是永恆的，我很快樂的時候是看到建築出現，但我其實沒有那麼期待真正全部完成的那一剎那，我比較喜歡看到半完成的狀態，因為半完成裡有一種建築師創作的意圖，但又好像還有可能。我很佩服的一位建築師路易・康（Louis I. Kahn）說：「從廢墟中可以看到建築的意圖。」這是非常真實的，因為蓋到一半的時候，你所有的建築意圖都在，當然可能有一些錯誤的東西還沒上去，所以是比較美的時候。

陳文茜：如果給你第二個人生，你相信輪迴嗎？

姚仁喜：相信。

陳文茜：你會再做建築嗎？

姚仁喜：最好不要。

陳文茜：你想做什麼？

姚仁喜：不知道。我事實上想過，如果我有什麼願望，就是在死去的那個片刻，可以很勇敢而清明的去經歷那個過程。因為我是相信人的意識不是像iPhone壞了就丟掉，意識應該是持續的，可是那個過程是一個很大的未知和挑戰，所以有一件事情讓我很感動，就是賈伯斯他死了以後，他的妹妹在紀念儀式上講他最後怎麼走，我看了非常感動，因為賈伯斯最後一刻，眼睛看向空中，說了兩個字：「Oh Wow, Oh Wow!」我相信他是正面的，而且很清晰的進去他從來沒有過的經驗，這非常難！是所有打坐想要訓練的能力，也就是能夠經驗那件事情。因為通常我們都沒有活在當下，我們永遠懷念過去、恐懼未來，忘記此時此刻。可是在死亡那麼激烈的狀況底下，還能夠清醒、鎮定、勇敢的面對它，所以賈伯斯是非常不容易的一個人。

陳文茜：在你那麼繁忙的建築師生涯，一個又一個案子的挑戰過程中，居然翻譯了非常多的書籍，都跟你的宗教信仰有關。每個人的宗教信仰或有不同，但你選擇很認真的去翻譯，這點很特別。你花那麼多時間，當你不斷翻譯時，你覺得你得到什麼？

姚仁喜：精神修持對我來講，不見得是宗教儀式，而是探索心靈的過程，因為我的工作和性向都對探索內在有很大的興趣。很多宗教都非常好，可是我接觸的是佛教，它對於人心本質的探索有很多深刻的地方，所以特別吸引我。翻譯可以讓我在這一方面的理解更進一步，反過來也在設計的過程，讓我有比較多的體會。因為創作事實上就是心的現象，我們想出各種奇奇怪怪的東西，但如果我們每一分鐘知道自己在想什麼，坦白講滿可怕的，什麼念頭都可能出來，但怎麼去處理這些東西，不是用教條、規矩或道德，而是真的去理解，也就是看起來好像是真正的現象，但到底它的背後是什麼，所以我才花時間翻譯。大部分是我老師寫的書，似乎能對一些人有點幫助，很多人看中文版比較能懂，我也就覺得很開心，這或許是促成我很

「創作其實不一定是要想出一個從來沒有人想過的東西，而是要不斷修練自己的心，透過修練，智慧自然就會出現，設計自然就會跑出來。」（圖為故宮南院／圖片提供・姚仁喜｜大元建築工場）

喜歡翻譯的原因。

陳文茜：我們好像在談建築，又好像不是，我們在談人性，在談人的心，在談大自然裡，在你身邊、但你忽略的事物，你看到光、影，你以為有的具象，前一刻的景象，後一刻變了。就像美國頒給你院士時的一句話：「你把人性放在建築裡面。」你之所以可以在建築界有這麼一個成就，答案是你不只是建築師，你是嬉皮，是一個在探索生命可能性的人；一個五十歲時，覺得應該給自己一個慶祝，就跑去學電影一個月的人；你在每個地方讓所有人都認為，這世界很多事情都是可能的，只要你有足夠的夢想。你也讓很多人不斷在那些過程中找到自己，理解人生。你的建築不只是美，你是一個哲學家。

（二〇一五年五月四日）

青年提問

提問　你是亞洲第二位能夠獲得美國建築師協會ＡＩＡ頒贈「榮譽院士」的建築師，想請問你認為自己跟世界上其他建築師不一樣的地方在哪？為什麼其他人沒辦法獲得這個位置，而你可以？

姚仁喜：我想先澄清一下，我不是亞洲第二位得到榮譽ＡＩＡ院士。雖然得這個獎的亞洲人比較少，但丹下健三、安藤忠雄、伊東豐雄、隈研吾等人都曾得過。多半都是頒給歐美人，包括像庫哈斯、札哈哈蒂等人。至於說我和別人有什麼不同，我想每個人都不同，都來自於不同的背景，如果每個人都深入去挖掘自己的根，和成長的特別之處，應該都可以開出不一樣的花朵，我想只要下工夫，每個人都可以不一樣。

提問　我們看你的建築，好像都是給人比較安靜的空間感，這會不會和你讀的東海大學也是給人寬闊和安靜的感覺有關？或是說在你大學時，有沒有什麼過程讓你獲得啟發，培養出那樣的美學修養？

姚仁喜：一個人成長的過程，或是你所經歷的，大概都跟後來的事情有關，至於是和哪些事情有關，我說不出來。

提問　在您探索自我以及設計的過程中，你怎麼意識到像水月道場或烏鎮劇場的那些意念和想法，怎麼會在那個時間點上把它放進去？為什麼會設計成那樣？

姚仁喜：建築很粗淺的講大概有兩種，我比較不是分析性的建築師，我比較直觀、用直覺。直覺有一個很大的挑戰，就是你怎麼相信你的直覺。因為我們現代人受的教育和社會的訓練都沒有鼓勵我們相信直覺，所以訓練自己相信直覺是很大的挑戰，我們通常都會懷疑。其實直覺是非常重要的財富，可是我們都忘了，所以要訓練，訓練到一個程度，你會相信。

提問　如果你有教育的權柄或是權利，你會如何改變我們的教育，讓我們的國、高中生，或是小學生有更多的美感，以至於我們在大學時，可以有更多的想法來從事改造城市的美感？

姚仁喜：這是非常可怕的想法，就是你把一個很重要的事情交給一個人，而且叫做權柄。我雖然好想做這個事情，可是最好不要做，因為這是非常可怕的狀態。我想一個城市要變得可愛，以台北來說，我覺得再怎麼醜，其實過去這十年來已經變得很不一樣，台北已經從青少年很尷尬、長青春痘，什麼都不對的樣子，漸漸成熟了。台北人也從容許多，很多東西都變得可能了，人也比較可愛了，我覺得這是第一步，因為人變成這樣以後，環境也可能會變得比較好。我們現在看到小街、小巷裡面，有很多像韓良露喜歡的味道，有些地方愈來愈可愛了，可是一些比較大的東西，大概不容易一下子改變，這需要一點時間，畢竟羅馬不是一天造成的。可是我覺得整體來說，我們現在是在一個滿成熟的市民社會狀態裡。

提問：你說快樂是暫時的，但你在做建築的過程中是什麼樣的狀態？

姚仁喜：喜怒哀樂都有。

提問　那你怎麼保持自己平靜？

姚仁喜：平靜不見得是一個好事，你在喜怒哀樂時應該要清楚知道自己的喜怒哀樂，因為我們常常被控制，譬如說，我暴躁的時候，在那個時刻我們通常都不自覺，所以這個不太好。不自覺並不好。所以，我剛剛最後才會說，在最後的那個時刻，希望我是清醒的、自覺的，這非常重要，因為你在經歷什麼，你應該要很清楚。

提問　談話中你多次提到關於溝通的議題，我覺得台灣很多人都會用自己的觀點去看溝通這件事情，想請你分享怎麼看待溝通這件事？

姚仁喜：人難免都是從自己的角度看事情，這個也大概避免不了，可是我想建築這個行業，因為你一定要有一個對象，這對象不只是直接的業主，還有未來使用這房子的對象，譬如我設計新竹高鐵，除了高鐵公司以外，我還要想像未來搭車的人，所以不做溝通就沒辦法做。當然有些溝通是一種觀察、一種經驗，也就是要去理解社會的狀態，所以，我想溝通是做建築一個很大的基礎。

陳文茜：我們生在這個長得不怎麼好看的城市或大環境裡，我們在這裡長大，也被這個環境影響，我們的美學教育如此，我們想要改變它，你說人愈來愈成熟、友善，公民社會愈來愈形成，可是在這過程裡，什麼樣的一個契機，是可以有改變的可能性？

姚仁喜：我覺得從個人的態度開始很重要，就是通常我們碰到很多事情，我們都會說，有這個困難、有那個困難，所以做不到，可是，如果我們換個方式，去想如果可以這樣或那樣加起來，事情就做得到。我覺得訓練自己這樣想，比去知道一大堆困難來得重要。因為我們碰到所有事情都會有困難，可是反過來想，如果可以這樣、可以那樣，就像前面提到的金剛經的牆，很困難的工程，可是你如果想，我有一把很好的水刀，說服一個人不管水刀斷掉多少次都繼續做，那不就做出來了嗎！所以訓練自己這樣時，很多事情就變成可能。

姚仁喜

長於以深刻的哲學思維和人文關懷擘劃建築，使其作品饒富詩意及文化底蘊。

侯孝賢：侯孝賢和他的俠客世界

□ 其實拍電影就是在處理演員，這個對我是最重要的事。

□ 文字其實比你想像中的要厲害多了，它會存在腦子裡，你有你想像的畫面，這個比電影要厲害，所以不要相信電影，一定要相信文字。

□ 你從小看小說的話，我感覺你一定會跟別人不一樣，做任何事情都會跟別人不一樣！

□ 你千萬不能輕易挫折一個人，因為那會影響他一輩子。

□ 我差兩年就七十了，我還混不到這樣嗎？我假使還糊里糊塗就沒救了，有些人老了非常固執，而且抓得好緊。我感覺本來就應該交出去，年輕人他們的世代不一樣。

□ 做任何事情你可以做到盡力，資源都用光了，我就到此，也要有這種想法，因為你還有下一次機會，你不可能一下就非常圓滿，但是這種堅持和求好的心，一定要有。

陳文茜：聽說你小時候是小混混，很會打架對不對？

侯孝賢：還不錯，不算小。

陳文茜：一個人擁有這麼多人喜愛很不容易。侯導年齡比我大一點，但他的電影生涯幾乎跟著我出社會所有的生涯，看著他的變化，也認識他十多年，聽著他許許多多的話語。坎城影展他得到了最佳導演獎，我只遺憾自己沒在那個時刻、那個現場看首映會。

很多人沒看過這部片，我可以告訴各位，它沒有血。雖然叫刺客，拍過刺客故事的電影很多，日本人也拍過刺客，日文的刺客叫做shikaku。所有寫刺客的故事裡，都是刺客到最後放不下最後一丁點的人性，跟他的職業起了衝突，而這部刺客的電影，沒有鋼絲，如史詩一般，所以我可以想像在全世界最重要，而且藝術評價最高的坎城影展，一首映完「刺客聶隱娘」時，為什麼所有人都起立鼓掌，因為它是如史詩一般的電影。現場為大家先播出裡頭的片段，讓你們感受一下。我要請教侯導。我曾經看過一個跟你有關的訪問，你說了一段話聽了好心疼，你說你人生有三個眼神永遠不會忘記？

侯孝賢：主要是因為我那時高二，祖母八十幾歲，我有兩個弟弟，哥哥念屏東師範住校，整個家裡所有的祖宗都是我，我要負責買菜、煮菜給他們吃，每天要買五塊錢的豬肝，燉湯給奶奶喝，那時候五塊錢很大，但是我又在城隍廟賭博，錢輸了很多，把菜錢花了，因為媽媽留了一些錢。不知道是我姊姊跟她說，還是哥哥，反正媽媽（得了口腔癌治病）回來就是遠遠看我，這是第一個眼神，是一個責備的眼神。

陳文茜：你的感覺是什麼？

侯孝賢：沒耶，反正就是那個眼神，我知道就是自己做了很多壞事。

陳文茜：你的第二個眼神？

侯孝賢：第二個眼神是我母親過不到一年就去世了。媽媽因為得的是口腔癌，我不知道她那時候去台北是去治療，後來媽媽去世，我在哭，哥哥站在我前面，回頭看了我一眼，那個眼神很清楚的意思就是說：「你也會哭！」很嚴厲的一個眼神，這是第二個。

第三個眼神就是我祖母年紀非常大，躺在榻榻米起不來時，就找醫生來。醫生說她年紀太大了，那時八十七歲是很大年紀了，就說只能這樣了，也沒送醫院，因為醫生看過已經不行了，就躺在那邊。她去世後，我們找人來清潔，等於有點像收屍，幫她整理。兩個人、還三個人，我忘了。我一個人在那裡，他們在弄。因為我有時會幫祖母翻身，但是沒有用，已經潰爛了，皮膚已經不行了，長年在榻榻米上根本都不行了。來整理的人就回頭看了我一眼，我拍電影有拍這一段，但電影是四個兄弟，其實只有我一個，我知道他眼光的意思就是「你這個不肖的子孫」，很清楚，第三個眼神。

陳文茜：可是第三個眼神時，你自己知道你已經盡力了？第一個眼神的時候你覺得慚愧？

侯孝賢：不是！所有眼神我都知道，也知道我做了什麼，只是我沒反應。我沒反應的意思就是說，我知道你們看我的意思，但是我不可能有什麼反應。

陳文茜：我要講的是，所以你在電影裡經常注意到很多角色，你會聚焦在演員的眼神，尤其這一次舒淇，你幾乎讓她的眼神，永遠是側著臉在演她主要的戲？所以，她最重要的對白不是語言，而是都在她的眼神，是吧？

侯孝賢：你這樣子把它湊在一起也可以。其實拍電影就是在處理演員，這個對我是最重要的事。你演員假使處理不對或處理不好，你拍也白拍，拍不到，所以那是最重要。通常有些演員不需要說就知道，有些演員需要不停的跟他講，通常我都很少說，因為安排，光安排那個氛圍他們就會出來。我舉個例子，譬如我拍剛才講的畫面，就是我的一些經歷都有放在電影「童年往事」裡。我拍「童年往事」時，臨時演員就是我們家附近的鄰居，因為我們是縣政府宿舍，他們都來幫忙。

那時我父親去世也是這個狀況，我記得我出門就一直跑，去找醫生，找來已經不行了，不行以後就整個崩潰，我媽媽、所有人都崩潰，大家哭成一團。我在安排那一場時有年輕演員、小演員，基本上我是讓一個人有個啟動。那個氛圍很嚴肅，演我父親的是田豐，躺在那邊，這個啟動者就是梅芳。梅芳演我媽媽，旁邊幫忙拉的是我找的臨演，其實就是我家隔壁的鄰居。我跟梅芳講的很清楚，就是一宣布父親不行，醫生説沒用了，她就要哭，而那個鄰居要去抓她，但那一哭，我的天啊！所有現場哭成一片，因為那是很激烈的。

陳文茜：你自己哭不哭？

侯孝賢：我那時候當導演，不行！我在庭院拍，我要盯緊。

陳文茜：可是他們正在演的是你們家的故事？

侯孝賢：對！所以你要酷，只要不能酷，你就不能當導演，OK？所有人都哭成一團，我沒有，我在那個庭院，一直盯著。

陳文茜：眼神？

侯孝賢：對！一直盯著，然後到一個程度，喊「卡」。田豐他不是躺在那邊嗎？

陳文茜：他也在哭嗎？

侯孝賢：不是、不是，他是流淚，我這邊拍不到他的側面。為什麼？我姊姊叫我們都過去跟父親握手，我就一樣，叫臨演去握，田豐躺在那邊，事後他說他淚水就流下來了。為什麼？因為那個手好軟、好小，最小的那個演員，加上那個氛圍，就是那個氣氛。

陳文茜：我想我們今天是一個青年論壇，待會多談一下導演的電影，我現在先還原你的人生。在你的電影裡，家其實是很重要的元素對不對？例如。拍這樣一個時代，你可以拍殺戮，可以拍戰亂，但是你拍的是什麼？拍的是一個家，在那個時代裡所面臨的哀傷，一塊一塊的崩解，然後靠一個女人撐住整個家，所以，家一直都是你電影裡非常重要的一個出發點？

侯孝賢：你看我小學五年級之前看漫畫，五年級開始就看武俠小說。我哥哥那時是念左中，每次都是我負責去借武俠小說，騎單車去武俠小說的攤子，都是譬如說有二十本「七步干戈」之類，我們就借一半或是整個借回去，禮拜六、禮拜天我們兩個就看掉了。我哥看得非常快，我比他差一點，看完就騎回去再換（新的）。所以，我從那時就開始看武俠小說，而且看得非常多，速度又很快，看到最後我跟我哥都沒書看，在那邊等，看有沒有新的一集、兩集過來。後來就看黑社會小說，費蒙的（**編注：本名李費蒙，一九二五—一九九七年，漫畫家兼小說家，畫漫畫時筆名為牛哥，寫小說時則以費蒙為筆名**），費蒙他寫了很多黑社會小說和情報販子，然後實在都看光了，就開始看言情小說。我記得是郭良蕙的，她有一本很有名，後來被禁？郭良蕙、於黎華、華嚴，反正大概那時候所有的都看。

其實幾乎翻譯小說我全都看了，就是一種灰色，中間是黑黑的底一條，書名在上面，我記得很清楚，因為印得很漂亮。初中、初三時，我家有訂《讀者文摘》，「教父連載」就是那時候看的，所以我後來看（電影）「教父」，完全清楚。尤其他們一開始在樓上走，要刺殺，完全一模一樣，所以，文字其實比你想像中的要厲害多了。意思就是說，它會存在腦子裡，你有你想像的畫面，這個比電影要厲害，所以不要相信電影，一定要相信文字，真的。這種看書的習慣一直沒變，我後來為什麼高中沒畢業要去當兵，就是想逃。因為他們要抓我去管訓，因為我有案底，城隍廟就在旁邊，那一群人就是從小每天在一起，那時鳳山很多這種現在所謂的角頭，其實就是地方聚落。

陳文茜：侯導剛剛跟我們講一個很重要的事，就是你如果有小孩血氣方剛，有兄弟之情，在城隍廟裡結一群幫派朋友，也不要覺得孩子真的學壞，有時表示他跟這些人建立一種俠義兄弟之情，但是他還在閱讀，這個對他很重要，我這樣講對嗎？

侯孝賢：我告訴你，只要沒有閱讀就很慘。我那一群朋友其實不是幫派，是都住在那裡的人，因為城隍廟有八個巷子可以出去，很怪吧，四通八達。

陳文茜：你後來因為可能要被管訓，所以你回到家裡頭七天就跑了，但是，家永遠是你所有電影裡，非常重要的一個核心，這是我很好奇的一件事，為什麼？

侯孝賢：家，每個人都有家，一定的。你看日本片也都是，成瀨巳喜男他們拍的都是家，小津安二郎也都是。我感覺尤其我們那個年代，家其實非常重要，不管你跟家的關係是怎麼樣。哪怕像我跟家裡的關係，和媽媽、哥哥的情感基本上都是一樣，那個情感還是在，不可能沒有，你懂我的意思嗎？

陳文茜：我其實要問你的問題是，當你不斷在坎城影展得最佳導演獎，變成很多台灣人引以為榮的人，你父母若地下有知，會不會嚇一大跳？

侯孝賢：簡單一點講，因為我爸是一個知識份子，他觀念非常清楚，而且他看非常多書。你看他後來調到南部當一個閒差，他本來是教育部督學，當過台中市主祕、花蓮市主祕，後來調到台北當教育部督學。之後身體不好才到南部，南部有一個閒差叫合作社主任，而合作社就是跟地方農田、農村一起合作。我父親為了這個（工作）寫了一本合作社的書，參考了很多資料，你就知道我父親是怎麼回事。小時候我只吃過他的拳頭，因為我五歲時，我一直在唱「未凍未凍未凍擱再活下去」那種台灣歌，每天吱吱嘎嘎的，我媽、我姊都說我賣銅、賣鐵的，把我爸吵醒，就這樣敲我頭，我們叫「骨戳」，印象很深。

陳文茜：侯導我來問你一個問題，多聊一下你小時候的事，因為我覺得小時候各種正邪、不同經驗很重要。侯孝賢大概後來念了台灣一家很有名的學校叫國立藝專，對不對？

侯孝賢：對，國立藝專。

陳文茜：這個學校培植了兩個人：一個人叫侯孝賢，還有一個人叫做李安，所以你看，在我那個時代被認為是爛學校，卻培植了最了不起的人，所以我們台大畢業的，沒什麼了不起對不對？

侯孝賢：沒有，台大更多吧？各行各業。

陳文茜：沒有像你那麼厲害，跟你差遠了。為什麼我對侯孝賢這樣稱讚，接下來我要算一下他的人生給各位聽，你們看自己做得到做不到？他小時候偷錢，剛畢業時找不到工作就做工廠裝配員，後來去做場記，然後三十四歲拍了第一部電影，三十五歲拍「在那河畔青青草」，提名了金馬獎最佳導演、最佳影片，那時他是三十四、三十五歲。我們剛剛聽他的背景，他爸爸是知識份子，可是走得很早，家裡也不太可能有什麼太好的經濟基礎。然後，才不過這個年齡，就拍了一部電影，你那時候有多少錢？你應該沒什麼大錢，三十四、三十五歲時？

侯孝賢：拍電影不用自己拿錢。我太太和我同班，藝專畢業不到一年就結婚了，她那時去當場記，我就教她怎麼當場記。我在學校，也教人家當電影場記，我看書就會了，完全知道架構怎麼弄。她去當場記，我有時會去代班，就這樣很快就當場記，寫沒兩部片就變成副導兼編劇。那時，賴成英十部電影的劇本幾乎都是我的，我編劇兼副導，因為賴成英是攝影師出身，我變成要幫他安排現場，包括導戲、教戲。我們那時運氣多好，加上我劇本又好，就這樣一路上來都賣座，所以一下子就起來了。

陳文茜：你好不容易人生有幾部成功的片子，接著你就拍了「兒子的大玩偶」，開始走上完全另外一條路。這是很多人開始對你的記憶，就是你曾經用美國很有名的一個詩人佛洛斯特（Robert Frost）的語言：「當你走到一個岔路時，它有兩條路，你選擇了人煙稀少的路」。你後來又拍了「兒子的大玩偶」、「風櫃來的人」，拍了很多國際大片子，而且獲獎，你就跟商業片道別。你知道上個禮拜我跟黃春明同台，他朗讀「兒子的大玩偶」，他現在也得了癌症！

侯孝賢：真的?!

于　飛：但是侯導你看雜誌（《印刻》）上面寫的，我不知道您認不認同它的說法，它說：「三十年來最不取悅世界的導演」？您說都很賣座，但是最不取悅世界？您認同這種說法嗎？

侯孝賢：沒有，我一開始寫的都是喜劇居多，拍的也是喜劇，非常賣座，我知道它像一個game，就是你寫這一點會引發笑，你再加強到什麼程度，然後下來，非常清楚喜劇的劇本如何寫。後來當導演，我前面拍過很多奇奇怪怪的片子，「就是溜溜的她」、「風兒踢踏踩」、「俏如彩蝶飛飛飛」、「蹦蹦一串心」（**編注：當年紅極一時的文藝愛情片**），都是這種。那時候跟新藝城的電影對嗆，新藝城很怕我們的片子，都要避開，就像我們現在要避開好萊塢一樣。但是，你愈寫愈拍，最後就回到寫實了。

這其實就回到我前面講的，就是（閱讀）小說。你只要小說看的多，你就有辦法。我感覺小說對人的改變太大了，因為黃春明這些人，我以前全部都看得不要看了，一堆。以前會一直找這種書來看，各式各樣的，你愈看就愈進去，你從小看小說的話，我感覺你一定會跟別人不一樣，做任何事情都會跟別人不一樣！

陳文茜：你怎麼會在那個時刻迷上《聶隱娘》這樣的文言文？

侯孝賢：我看書不只看你說的一般的（書），古文也看了一堆，很喜歡看。那時許仁圖，就是河洛圖書出了唐人小說，我那時是藝專一年級，還是更早，我忘了，反正我很快就買了那本書，裡面文言文很簡單，一個字就一個意思，你只要認真看就知道了。它是很簡單的文言文，看了以後你會找別的書來看，你就發現有另外一塊，就是筆記小說，我那時就開始翻所有的筆記小說，宋朝以後才會有大部頭的小說，之前都是筆記小說。

陳文茜：你覺得不讀文言文的人喪失了什麼？

侯孝賢：那是我們民族最早的東西，你絕對可以看得懂，我感覺每個人都可以看得懂，一字一義你就記住，認真看就行了。只要看，就會看得懂，而且筆記小說多到各種各樣都有，有時短短的一則，太多了。

陳文茜：所以，在這一次的「刺客聶隱娘」裡，我看到了我從來沒有看過的打鬥片。這個打鬥片的精采，四下寂靜，白樺樹裡雲深處，等待兩個女子生死交戰。

侯孝賢：她們倆身上都受傷，都是瘀青。會受傷是因為她們不知道怎麼省力，或者怎麼避，直接就砍，當然那不是真的，真的倒就不行，但是那很硬，所以會受傷，全身都瘀青，停過好幾次，要練，練完再來練，拍了很久，然後拆解。

陳文茜：所以這場戲你拍了多久？她們兩個這樣殺過來、殺過去？

侯孝賢：我不知道拍多久，都記不得了。周韵受傷了，就回北京，通電話時，我還是說妳好好調養，但這樣一調養就是一個禮拜、十天，也沒別的拍，我們在那邊只好吃羊肉，那邊烤羊很有名。

陳文茜：所以，你從血氣方剛到老了，變成很多事情很篤定要變成什麼，但就可以慢慢等，可以這樣說嗎？

侯孝賢：是。因為對我來講演員其實最重要，你的對待方式和態度都非常重要，因為他是你挑選來的，一定要他演得出來，你要用很多方式，不能來硬的，那怎麼弄？三、兩下人家就跑了，誰理你，他們都有經紀人、有公司。所以，年輕導演都不知道，最重要的其實就是演員，你跟他拍愈久，愈熟、愈了解，雙方的默契就會愈好，所以態度非常重要，你去問每個演員都跟我相處得非常好。

陳文茜：今天在場的許芳宜說她本來昨天就應該去紐約，但完全為了你改機票！

侯孝賢：許芳宜她是高手，你們只要看過她跳舞就知道了，而且在紐約，那麼厲害，紐約很難打進，她是師父公認最好的弟子，那個什麼？

陳文茜：Martha Graham，瑪莎葛蘭姆？

「只要小說看的多，你就有辦法。我感覺小說對人的改變太大了。」
（圖片提供．中天電視）

侯孝賢：對，我知道她絕對可以勝任，這是第一。第二，跟她拍完這部片，她對所有動作的記憶，不是只有腦子而已，還有肌肉，太厲害了。我建議她可以當武術指導，把所有的動作設計出來，因為她真的做到這個程度，知道怎麼訓練演員，因為這方面其實很難。反正她現在跳舞有時中間會有空檔，我已經跟她講過了。

陳文茜：請問侯導，你在坎城影展這麼多年，才帶著「刺客聶隱娘」參展，能不能得獎你會不會有得失心？

侯孝賢：沒有，一放完他們都站起來，所有人都在鼓掌，我那時心裡想：「真的假的？」我不騙你，真的！因為是第一次拍，我自己知道它其實離我想要達到的還有很大段的距離，所以我其實沒把握。我感覺這個普通，真的！因為我心裡想的要比這個要更厲害，但是你知道她們兩個又不是專門練武的，為了這個，要先設計給他們練，練完以後打，打完以後只能拍一段，然後再去練下一段。這花了很多時間，你真的要到那個程度我知道很難。

我小時候看日本片，因為以前鳳山有四家戲院，一家是歌舞團，其他三家都是電影。我從小就會說：「阿伯、阿伯，帶我進來」，就是人家在買票你去拉說，帶我進去。到後來就用假票，就是進去以後，去撿人家撕下來的票，撿完了以後，再和我一個叫阿雄的朋友，兩個人去偷抓撕票箱，把它黏起來。有時會被撕多，有時會被撕少，你就找撕少的票根，加上撕多的角，那裡正好有一條虛線。

陳文茜：你實在是一個太聰明的文化人！

侯孝賢：那時才初中、十幾歲，就這樣子混很久，只被抓過一次，抓到人家也只是笑一笑，不會怎樣，因為是小孩。我用這種方式幾乎每天都去看電影，重點是那時的武俠片很多，日本的、神怪的，從「三日月童子」、「里見八犬傳」到後來宮本武藏、佐佐木小次郎各種決鬥的片子。因為日本的武士道到現在還在，也還有道場，所以他們的打鬥是實的東西，而且沒有虛招，只要看日本片就會發現真的很有能量，不像我們就是劍舞來舞去，花招一堆，他們是出手幾招就解決了，所以我一直想要這個。

陳文茜：你向來不在乎影評、評價？

侯孝賢：因為你自己心裡明白人家評論寫什麼，每個角度不一樣。

陳文茜：你覺得不在意外界的評價，對於一個創作者和一個想忠於自己理想的人有多重要？

侯孝賢：我是沒想這個事，但是影評寫了半天，我看了半天，這樣講對嗎？有時影評講的也不準，他並沒辦法理解真正創作者的狀態是什麼，我感覺常常是這樣，所以就不必去在意這個事了。

陳文茜：這個影片裡頭非常大的一個特色，就是那個景和攝影美的不得了。

侯孝賢：李屏賓。

陳文茜：他太厲害了，而且美術設計也好得要命。聽說你們在找場景、各種部分都花盡了心血。我前面提到，你的腳本修改到第三十八個版本，接著就是去找場景，以及很多的美術設計，我聽說你還找到了一個唐朝一千多年前的古村落？

侯孝賢：大九湖！它有沒有一千年我不知道，但你們去看就知道，它裡面的土牆等等，都是不知道經歷了多久。因為內地其實滿多的，只要很偏僻的地方都可以找到。我們就是借大九湖的農村拍片，臘肉都是掛著，也不知道曬乾多久了。茅草的屋頂整個都是。牆壁也都是泥的，泥裡有些是有加了木頭編起來，再上泥，還有一種是加了稻草，直接做成磚，然後再糊。那些都很久了，找都找不到，因為那個地方的生活沒變。只有一小部分有黑瓦，而黑瓦是宋朝之前才有。唐朝在地方上不可能有瓦，都是茅草，你除非是官家才有，基本上是這樣。

陳文茜：所以你拍這個片子就是大陸、台灣和日本的團隊，三個團隊，三個地方取景。你要不要比較一下各自擅長什麼？

侯孝賢：大陸是什麼景都有，但是就是太大，你只能圈一個範圍。日本就固定那幾個地方：奈良和京都，而日本所有的建築都是仿唐的。從唐開始，他們的飛鳥時代完全是茅草屋頂，第一個就是法隆寺，是隋朝那時，而且其實都是中國的工匠過來建的。

奈良法隆寺是第一個。法隆寺的結構蓋出來以後，日本人看了都傻了，原來房子可以這樣子，而且都是木頭結構，沒有釘子，都是榫接。這個結構帶動了什麼？無形的典章制度，典章制度其實跟房屋的結構是一樣的，日本的典章制度是從這個來的。法隆寺難得開放，所以到現在你只要去京都、奈良，所有的木造建築都是唐朝，連屋頂上的甍都是，你們只要看過「天平之甍」就知道。

我們本來要拍唐招提寺，那是唯一唐朝的鑑真和尚帶著他的徒弟，不知道做了幾次，因為唐朝不讓他們去日本。鑑真和尚在佛教戒律上是最厲害的，所以他們要去日本和他們的戒律對話、更正。但唐政府不讓去，不知道幾次，最後去成了。他隨身帶的徒弟都是工匠，就蓋了唐招提寺。我們看了想拍，但再去、要拍時，他們整個拆下來，一個滿大的模型，但榫的結構完全一模一樣，把一些腐朽的換掉，重新再接合回去。唐朝的工匠實在太厲害了，而唯一保存的就是日本。日本的民族性就是有這個，逃不掉，他們從以前到現在，很會保有老東西，而且愈來愈厲害。

陳文茜：所以你在這一次的電影裡，重現了非常多中唐時的東西，包括小孩子在踢的球。其實很多東西後來都流傳到日本去，在中國反而失傳了。例如，一份一份看起來像現在的懷石料理，都是以前唐代的東西，電影中也可以看到你考證的功夫，花了很大的心血？

侯孝賢：沒有，就看書，不停的看，然後討論。

陳文茜：靠你，還是靠黃文英？黃文英是你的美術設計？

侯孝賢：黃文英也看，大家都看。你從影像可以有一個造型，處理影像或文字，像許芳宜是處理她的身體，但是中心思想是什麼，很重要。

陳文茜：你如果看到沒有俠義的人，很愛背叛、利用別人的人，會怎樣？揍他？

侯孝賢：我不會理他，但是他只要來惹我，就會被我揍，很簡單。因為其實整個合作的人對我來講都滿不錯的，不管他怎樣，沒經驗也好，我感覺他只要做，就做得到，一直做不到也無所謂，我們都是這樣子，因為你千萬不能輕易挫折一個人，因為那會影響他一輩子。

陳文茜：我看了你一生大多數的電影，看完以後有一種感慨：在亂世時，人很痛苦，家不斷的崩解，可是，平常即使是平平安安的時代，我們每個人都戴那麼多的面具，在乎那麼多的虛榮。我們每個人都不是「戲夢人生」裡那個李天祿，都是體制裡，被操作的那個布偶；我們都是「兒子的大玩偶」，都戴著面具，是李天祿手裡的布偶。所以，即使是平平順順的年代，人也活得很辛苦。可是，我看到你所有電影裡，回到了「刺客聶隱娘」時，你可能在乎武術、匕首，殺過來、殺過去，可是我會把這部電影當成我一生看過最好的電影，它讓我感覺到你最後的結語，就是不管多少亂世，不管你有多想要保護你的朝代，或是多想擴充自己的藩鎮、保護你的子嗣，有一個東西是不變的，那就是人性裡很基本的「仁」，也就是仁慈的「仁」。「仁在那個地方，所以一切心清了」，最後這句話電影就結束。所以，我突然覺得亂世，人也可以心很清，死了就算了。平時人不要當傀儡，沒有面具，其他的東西都丟光光，所以你真的很棒，小混混！

侯孝賢：我差兩年就七十了，我還混不到這樣嗎？我假使還糊里糊塗就沒救了，有些人老了非常固執，我不舉例。真的，我不騙你，而且抓得好緊。我感覺本來就應該交出去，年輕人他們的世代不一樣，而且他們面對所有的種種

「人生不是一場戲，對我來講，人生是一步、一步。」(圖片提供・光點影業／攝影・姚宏易)

也不一樣，他們的成長跟我們不一樣，像我還是這個爛手機，我只會這個。

陳文茜：今天要給你LINE，你說根本不行，因為你沒有LINE。

侯孝賢：對。我只有這個爛手機，但是你叫我去弄那個……。

陳文茜：沒辦法？

侯孝賢：不是，我根本不想碰這個。因為那個訊息的來源跟我從報紙、其他地方得到的其實差不多，其他多的就是口水了。那個沒什麼，而且我真的要查，叫年輕人去查就好了，查資料很快，比我們去翻快多了，你按它就來了。我們以前都要去翻書、找資料，那個比較方便而已。LINE來LINE去，有些年輕人就受不了，我看很多社會新聞是這樣，會被圍剿，但根本沒有人在你面前圍剿你，就是文字而已。所以，我感覺他們的世界完全跟我們不一樣，所以我還是就這個樣子，很開心，沒什麼。

陳文茜：很開心，剛剛就背了一個背包，也沒什麼太多的光環、使命感就走進來了，把什麼都放了！很多人可能不知道侯孝賢導演拍戲是不排戲的，對不對？

侯孝賢：不排戲！

陳文茜：你不喜歡？你覺得東西就是直接來，你不喜歡假的東西？

侯孝賢：不是。因為你今天叫人家排戲，像美國一定排戲，你知道他們表演到什麼程度？他們所有東西是專業到非常準確，我們的演員沒有這個底子，也沒有這種環境可以讓他們做到這種程度。有時候事前會對對白、講劇情、排戲，正式演時再表演，但是通常你排戲之後，就會 stop motion 一樣，定格在一個狀態，大家感覺這個不錯，就照這個。怎麼可能！

陳文茜：如果你的人生是一場戲，你會排嗎？接下來你要做什麼？

侯孝賢：你可以幹嘛都行，反正是戲不是嗎？問題人生不是一場戲，對我來講，人生是一步、一步。你今天跟一個人或家裡的人相處，有疙瘩時，你要解決。你假使這個疙瘩沒解決，你可能比較強勢，但你傷到他，所以要找一個機會，不是現場馬上，要有一個空間把它兜回來。我對工作人員、演員都是這樣，因為你有時候很直，在現場的力量很強，因為我會在現場指揮、發飆或者針對某個人，但後來整個團隊跟久了都非常清楚。我感覺這是很基本，這個基本、信念、執行和對人的態度，最後就會呈現在你的電影、你的為人、生活處事上，這個其實非常重要，不然你的電影是什麼？可以這樣亂殺人殺到一個程度？那就沒邊際了，人總要有一個邊際，就是其實你可以提出問題，但你必須有一個東西把它兜回來，就像電影一樣。

（二〇一五年七月二十七日）

青年提問

提問　想請問情懷電影和商業電影，哪個更能體現一個導演的價值？而你是如何兼顧的？情懷電影就是像「悲情城市」。

侯孝賢：其實兩種是很相似的，只是你在做電影時，你最後能不能堅守。堅守的意思就是你會不會顧忌到你的票房，認為這樣做好或不好，所以你的標準變成非常重要，但它又不是那麼呆板的標準，是一個直覺，而且你還要敢去試它，所以這個要自己去做。其實做事情都是這樣；做任何事情你可以做到盡力，資源都用光了，我就到此，也要有這種想法，因為你還有下一次機會，你不可能一下就非常圓滿，但是這種堅持和求好的心，一定要有。假使像電影是跟很多人合作就更複雜，你常常會傷了一個人你不自覺。

提問　很想知道你什麼時候開始覺得電影就是你這一生要做的志業？

侯孝賢：我要想一下，但是好像從一開始就一直去了。

陳文茜：就是偷（電影）票的時候，對不對？

侯孝賢：沒有，那時候還沒有這種自覺意識，就是考上國立藝專，開始進入那個行業就一直去。

陳文茜：你為什麼沒有想要去城隍廟做廟公？

侯孝賢：廟公我弟弟在做。真的，我大弟。

陳文茜：你沒有去做乩童？

侯孝賢：乩童跟廟公是兩件事。

陳文茜：我有一次問侯導，說：「你為什麼可以做到不在乎票房？」他就吐槽我說：「哪有，我很愛錢，我很愛錢。」有沒有？你是不是這樣回答我？你記不記得？

侯孝賢：沒錢怎麼拍片！錢一定是重要的，但是你也知道你資源在哪裡，你老用人家的錢拍成片子，老讓人家賠也不是辦法。

陳文茜：可是老為了賺錢，拍到那個片子自己看了都丟人也不是辦法，所以，人生就要在這兩個不是辦法裡找到辦法，要把它處理好。

侯孝賢

用鏡頭寫自己，也寫台灣，以獨有的美學視點，將台灣電影推向藝術之境。

黃子佼：回想那一條長長「寂寞道路」

□每一秒鐘做的事情都要做好，不是只有全世界人盡皆知的事件做不好，才叫做不好，一個小細節做不好，你的蝴蝶效應會影響你後面的每一秒。

□你花一秒鐘去辯論，不如花一秒鐘去充實自己。

□請你把你的人腦，比照手機、電腦、悠遊卡辦理，一直加值你的腦，一直灌入更多的資料，而不要急著去讓手機更有趣，讓電腦更多好玩的軟體，到最後你就發現這裡（腦袋）空了。

□我是一個極度不怕失敗的人，而且我很希望藉由這些失敗再一次提醒自己，我還不夠好。

□不要先把目的放在前面，而是把你自己的初衷，永遠放在心裡的某個位置。

Ella：回想那一條長長「寂寞道路」

- □一定會有說再見的時候，就是市場會有淘汰你的時候。這樣子的心情，本來就應該要早早做好準備，只是那一刻真的來臨時，你當然還是會沮喪，還是會覺得有些落寞，重點是你要怎麼去調適。
- □我覺得一個真正成功的人，是你不用有什麼樣的成就，而是可以把身邊的人都照顧好，讓愛你的人感到放心，這就是成功。
- □我在念書時就知道，有人喜歡你，就一定有人會討厭你，我不可能滿足每一個聲音，我只要能夠對得起我自己。
- □如果你沒有做好準備，你就站不上那個浪頭。
- □人生不會只有金馬獎這一件事。我還有家庭、我愛的家人、爸爸媽媽，他們都健健康康，而且都知道我很愛他們。

陳文茜：大多數的人都很在乎別人的眼光、評價，其實我們一直在說，人生不管讀多少書，有多大的成就，當到什麼樣的一個位置，哪怕是台灣的總統，都很在乎別人對他的評價，妳怎麼好像毫不在乎？被評為是金馬獎史上最爛主持人！妳怎麼樣克服外界對妳的評價和眼光？

Ella：我本來就覺得這件事情可能料想得到，所以盡量不去閱讀那些細節的文字，因為我知道那些文字會刻在我心裡，我一定會很難過，所以盡量不去看，我真正唯一難過的是，我突然意識到爸媽看到這些報導一定會很難過，其他真的覺得還好。台灣的媒體生態，很多時候，另一個更大的新聞可能就蓋過妳，我這樣告訴我自己，我在這個行業這麼多年了，很多觀眾都非常健忘，可能也忘了我曾經發生過什麼事情，唯獨我突然意識到我身邊的人一定會難過，而我卻忘了安慰他們。那幾天我真的感覺爸媽不敢打電話跟我提這個事情，反倒是我跟他們說，我沒事、很好，他們才侃侃而談，跟我說那些東西妳不要看，不要太在意。

陳文茜：妳從小就這樣不太在乎別人對妳的評價嗎？

Ella：我記得我在念書時就知道，有人喜歡妳，就一定會有人討厭妳，所以我不可能滿足每一個聲音，我只要能夠對得起我自己。

陳文茜：妳幾歲了解這個道理？為什麼？

Ella：好像十八歲。那時，我在學校算是風雲人物，非常活躍於社團活動，甚至是系上的系會長。我會辦活動、系遊，兩台遊覽車就把整個系的人帶出去環島！有人覺得今天看這個學姐有點不順眼，可是也有很多人很喜歡我這個學姐，這種事情是一體兩面，不管怎麼樣，有人喜歡，就一定會有人討厭，我也不可能去左右別人的思想，逼你一定要喜歡我，所以把自己做好就好。

陳文茜：過去主持這種大典禮，曾經因此被罵得很慘的，都是最紅的人，一個在妳前面的就是陶子。所以，某個程度來說，妳要有能力克服外界對妳的點點滴滴，才有辦法做妳自己。妳十八歲就懂這個道理，妳曾告訴我說，從小就把自己訓練成演藝人員，妳的麥克風就是一把掃把？

Ella：我小時候就是那種人來瘋的個性，會在掃地時間，走上講台，拿著掃把，開始在那邊唱歌的人，完全不會害臊。但是，就金馬獎這件事來講，為什麼我可以那麼快消化這件事，是因為我是做足功課去主持，如果我今天沒有做功課，被罵，我會非常難過，因為我活該。但是，我沒有不做功課，我知道我事前的準備，以及所有團隊的用心，這些細節你實在無法跟每一個人一一解釋，就算解釋，大家也會覺得妳只是在狡辯。

陳文茜：佼佼你怎麼看這個事情？

黃子佼：第一，我覺得現在是一個標題黨的時代，許多媒體從傳統的文字、平面、印刷到網路，就是要以標題讓你點擊進去，增加流量。所以，所謂「史上最爛」這件事情，身為站在她旁邊，跟著她開會、彩排的人，我敢說她絕對不是史上最爛。大家回頭去想，我們做的是第五十一屆，但請問第三十二屆是誰？第十八屆是誰？第十一屆是誰？所以說史上最爛，必須把第一到第五十屆背出來，再告訴我 Ella 最爛，我才相信你。所以我一定要幫 Ella 說話，她在我心中是最好的。

至於為什麼是最好，我要說個道理來。因為Ella很有勇氣，當時是執委會的主席張艾嘉，非常看好Ella，所以第一，我們要尊重金馬獎的決定，金馬獎決定找一個平常比較熱情的人來主持，而不是過去大家熟悉的佩岑、志玲，風格不一樣，這是張艾嘉想做的一個改變，我們要尊重她，尊重大會。

第二，就是她從來沒有做過大型典禮，所以拿她去跟以上這些人對比，其實非常不公平。可是我當然知道，在這個舞台上是沒有絕對的公平正義，所以我覺得她辛苦了。她現在身處在一個標題黨的年代，身處在大家非常想要看到立竿見影效果的年代。

第三，當然我們也有一些值得檢討的地方。例如，也許大家真的不太習慣，在那個舞台上，有人穿這麼低領的衣服。但不要忘了，金馬獎之前一個月（金鐘獎），Selina也在國父紀念館穿過類似的V字領，可是沒有人做太多的討論，因為大家覺得金鐘獎就是比較綜藝、娛樂性的舞台，而金馬獎是一個殿堂，撩裙子這種事，別人都做過，但Ella在這個時候做，就特別有爭議，所以我覺得真的委屈她了。

陳文茜：我不覺得這個是道理，因為你穿得更不莊重，我不同意的是，你穿這樣沒有人罵，但她撩裙子卻被罵，我覺得這是社會裡，對於性別的差別對待。

黃子佼：這有可能是，我當時先做了一個前導，讓陳建斌老師的畫面先出來（**編注：陳建斌在電影「軍中樂園」的畫面**），所以我是在做角色扮演和所謂的顛覆跟模仿。但是，大家對Ella的期待，會設定在某一種殿堂主持人的狀態，大家對她不會有撩裙子、坐大腿的期待，所以當這個畫面出來時，有一部分的人就傻眼了，而那個傻眼就轉換為不滿，或是不開心。

Ella：我覺得佼哥是在表現他的溫柔，他真的是在心疼我，我很謝謝佼哥，在這個過程中，非常無私的跟我分享非常多的事情，而且是他這麼多年來的所有經驗，譬如，他有一些梗，隨時都會把它錄起來，甚至有一個檔案夾裡面都是這些漏掉的梗，把他之前沒有用到的東西記錄下來，看哪一天有機會派上用場。

陳文茜：你會覺得佼佼他有今天的主持功力，其實是靠很多用功努力得來的嗎？

Ella：對。我覺得除了他非常用功之外，他人生的累積也非常重要。

陳文茜：他累積了什麼？

Ella：譬如他喜歡藝術品，就會去認識設計師，他其實是一個藝術家，他的思維真的不只是一般的主持人，如果真的用心去看待、認識這個人，會發現他是非常有深度的人。佼哥最棒的是，永遠都會把自己該做的事做好，守好自己的本份，不會搶了台上主角的風頭，因為他知道他是一個主持人，就是一個綠葉，只要把他的角色扮演好。所以，我在台上時，也告訴自己，我其實就是一個串場的人，把我該講的話講好就好，不需要再多做其他的東西。

陳文茜：佼佼因為你太能言善道，所以你跟Ella一樣，一出道就一帆風順，但後來有一段時間，比較低沉，然後最近又大紅。金馬獎時，很多人給你非常多的掌聲，你的師父小燕姐就說，你有今天，是因為你經過非常久的失敗，也就是你累積了很多的失敗，所以才有今天，你同意小燕姐的話嗎？

黃子佼：老實說，小燕姐一定是最了解我的人。我的人生有很多的階段，小燕姐都陪著我渡過，所以她說的話完全正確。但我跟她的關係又很奇怪，我們不是會甜言蜜語的那種關係，譬如說她看完金馬獎，當然有一些感觸，可是絕對不是第一個說：「你辦到了！」的人，大概是幾個小時之後才告訴我，而且是用比較迂迴的方式。

我們小時候就聽過「失敗為成功之母」，我不敢說我現在成功，但是我確實不怕失敗。每次主持完一個記者會，結束後在車上都在檢討剛剛什麼地方沒說好。譬如，我剛剛跟 Ella 應該可以再怎麼樣一點，然後把它記下來，變成漏掉的梗資料夾。其實外界的人也應該覺得滿意了，但我就是不怕那一點點的小誤失，我要把這個失誤記下來，成為下一次的養分。所以，我是一個極度不怕失敗的人，而且我很希望藉由這些失敗再一次提醒自己，我還不夠好。

陳文茜：有一段時間，也就是 TVBSG 崛起，你也很紅，後來 TVBSG 有點沒落，你也跟著沒落，但是外界比較會解釋成是你的感情事件，因為這兩件事剛好在同一個時間點發生，你怎麼適應那樣的過程？

「我就是不怕那一點點的小誤失，我要把這個失誤記下來，成為下一次的養分。」（圖片提供．中天電視）

黃子佼：那段時間我確實在電視的工作上喪失了很多機會，而且挺不習慣的，開始在電視上看不到自己，以前是天天，甚至兩個帶狀，可是我很慶幸，我從小就是一個有多元興趣的人，所以，我常常鼓勵身邊的年輕朋友，一定要多了解自己，人家說雞蛋不要放在一個籃子裡，我小時候有一陣子喜歡音樂，後來又喜歡漫畫一陣子，突然間又喜歡看科幻小說，所以倪匡全部看完後，再看推理小說，赤川次郎也全看完了，接下來又去挖掘下一個樂趣，比如說街頭潮流、設計到現在的藝術。所以，當我在演藝舞台很暗淡的那段時間，我反而有更多時間去開潮牌店、做生意，而且我是真的會在店裡講解產品給客人聽的人。

陳文茜：你前幾天哭了？

黃子佼：十天前。

陳文茜：十五年前你會怨小S嗎？覺得男女的感情何必到這個程度，把你搞到後來去店裡賣東西，你曾經怨她嗎？

黃子佼：完全沒有。甚至我也要說很多人看了中天的「康熙來了」，說我們的對話還少了些什麼，其實我必須說，因為畢竟我不是主持人，那時，康永哥帶領我們，整個氛圍比較溫馨、圓滿，其實我也很想跟小S說聲「對不起」，可是沒有機會。那時，我只跟她說了「謝謝妳」，但是無論是對不起或謝謝，我在這十幾年來，從來沒有所謂的怨。因為很多事情就是我自己造成的，既然我是一個會去檢討記者會少了什麼梗的人，當然也會檢討我自己的人生。

陳文茜：少了什麼？

黃子佼：做了不好的，不該做的，或是做不足的地方。所以，我不可能去怨恨她。其實不只是她，我常常在很多工作場合發生事情，都不會去怪別人。譬如說，攝影師、製作人、劇本，我到最後都是怪自己。

陳文茜：你跟小S的事件讓你當時在社會上處境艱難，以及她在節目上大哭，對你和演藝生命造成的影響，跟一個製作人沒有把一集的節目做好，是完全不同層級的事情！

黃子佼：我跟你的觀點不一樣，我覺得每一秒鐘做的事情都要做好，不是只有全世界人盡皆知的事件做不好，才叫做不好，一個小細節做不好，你的蝴蝶效應會影響你後面的每一秒。所以，每個工作都要做好，因為我知道，我把這一場記者會做好，我可能接下來會有第二場、第三場，我不能因為這場記者會只有四個人，我就亂主持，這是我的理念。

陳文茜：十年前，你在電視上看到小S大哭，你的反應是什麼？

黃子佼：我也在哭，其實你們可能不記得，當時他們「娛樂百分百」在直播，陶子的「娛樂新聞」也在直播，我們是兩個隔台在哭的。只是因為那時「娛樂百分百」收視率奇高無比，所以根本不會有人記得我的畫面。我覺得這些都無所謂，因為反正它已經發生了，就是面對。我當然會有一點憂鬱、有一點沮喪，把窗簾拉起來，每天就在家陪狗，不想見人，因為總覺得出去，大家也不會太喜歡我。可是，我常常會告訴自己，我只要健康，人生就還有機會，有新的變化，值得繼續努力。

陳文茜：你撐了多久？

黃子佼：這個真的很難算，因為有人說兩、三年，有人說四、五年。但是，對我來講，老實說應該是去年開始（重新被看見），就像剛剛，其實在後台你問了我很難回答的問題，你問我：「佼佼，你是最近主持記者會比較多，還是你以前就主持很多，只是沒人關注？」

陳文茜：因為我覺得你怎麼最近一直在主持記者會，可是又覺得不可能突然都是你在主持，所以可能是以前有主持，新聞沒有報導太多？

黃子佼：所以真的是去年開始有一些改變。以前有一段時間，除了乏人問津之外，還是有人幫助我，給我很多工作機會，可是那時我知道，我做的節目沒有人看，我講的話沒有重量，我推薦的東西沒有人會買，我想要分享的事情，大家不在意。

陳文茜：你為什麼沒有辦法像Ella，不介意成了全台灣史上最爛的男人？

黃子佼：不一樣。因為她是第一次做典禮，可以用很豁達的心態，可是我已經做藝人二十五年了，我還能這麼豁達嗎？我還能這麼不介意嗎？我有我的經驗值在，所以我一定是一天比一天更在意我的觀眾。

陳文茜：什麼樣的勇氣，讓你決定跟 Selina 去上「康熙來了」。因為總是很多年，過去就過去了，我想小S的不在乎應該也到了一個程度，但大家不見面總是比較不尷尬。我覺得尷尬是人生裡很糟糕的字眼，因為尷跟尬可以尬住一切事情？

黃子佼：其實這個事情很單純。因為去年底，我們在臉書上不小心變成了朋友。那時小S出了唱片，飛碟電台就有業務配播，我必須在節目中播她的歌，於是我就播了，因為那是廣告搭配的，這時記者聽到了，就跟我說，你播她的歌，我說對啊！記者就覺得很新奇，認為是一個新聞，就去告訴小S，小S聽到之後覺得很有趣，因為她確實很想知道我了解她專輯裡想要表達的意義嗎？於是就到臉書發出交友邀請，因為她以為要成為臉書好友才看得到這篇文章。

這時，另外一個記者出現，跟她說，妳怎麼突然發出交友邀請，而且佼佼考慮一天之後，以為是病毒，但他也確認了，這是怎麼回事？這時小S

就跟他說，因為她要找那篇文章，記者就來問我文章在哪？我說沒有文章，我的評論是在電台裡，沒有重播。他就告訴小S沒有文章了，小S就說：「我好希望他寫一個樂評給我」，於是記者又告訴我說：「你可不可以寫個樂評給她？」我就說好，我很久不寫樂評了，因為我以前寫了很多樂評，批評太多圈內朋友，很不好意思，但既然她想看，我就決定為她寫。而且，最妙的是，她根本不知道我的臉書是開放的，不用加朋友，就看得到我所有文章。於是我也真的寫了一篇，她馬上也就分享了，而且留言了。

所以，我覺得是一個很好的開始，到了Selina要發片時，因為她跟SHE去過無數次「康熙來了」，已經有點沒梗，Selina就說怎麼辦，我要宣傳，可是製作單位希望我帶一個好朋友，掐指一算，任爸去太多次，所以她就想到我。她的宣傳就打到我的經紀人那裡說可不可以上康熙，我不知道該怎麼決定。

陳文茜：為什麼？

黃子佼：因為我知道它會是一個事件，不只是一個通告，是娛樂圈的事，一天之後，我回答了這個通告，但是我先問Selina，說妳確定需要我去站台，而且不怕模糊焦點，她說：「不怕，因為就算我跟別人去，也只會講一點點唱片，但是跟你去，我可以見證歷史的一刻。」

陳文茜：我看到小S最近也出了專輯，用了一九二〇年代法國美好時代的天后造型，你會不會覺得她很美？我想聽你說。

黃子佼：其實這樣說，既然我們都曾經在一起四年多，我會覺得她不美嗎？我不但覺得她美，而且覺得她很幸福，因為她有愛她的老公，而且對於這次康熙的播出，她老公也很幽默。她有很好的孩子，同時有很疼她的媽媽、姊姊，這些都是我沒有的，所以她很幸福，我很羨慕她。

陳文茜：佼佼出道幾年了？

黃子佼：一九八八到現在，今年要邁向二十七年。

陳文茜：二十七年。二十七年還沒倒，而且可以再紅。

黃子佼：妳知道以前在某些場合裡面，一定會有人比我資深，現在我去很多場合，抬頭一看，發現天啊！我最老。這一排裡面我最資深，然後開始有人會跟你說，我小時候是看你的節目怎麼樣，這是我女兒等等。我不敢說紅不紅，但是我很慶幸，有很多年輕人願意來認識我。

陳文茜：如果這樣詮釋，二十七年前你得到了小燕姐他們這些人的賞識，很快就在那時候的三台電視當節目助理，很年輕就有了自己的節目。可是不管中間發生什麼事，你仍很堅持這是你熱愛的行業，你雖然還去經營了別的副業，但你一直堅持，相信有一天你會重回舞台，並且每一場記者會，不管有沒有很多記者來，你都認真的準備，一直到有一天這個機會、這個典禮出現，並且主持了江蕙的記者會。當江蕙跟你說這是她最後一場封麥的演唱會，你有沒有嚇到？

黃子佼：我非常難過，因為我常常在前輩的風采上學到什麼叫大器、禮貌。很多人都說為什麼不發個聲明就退出，或是在演唱會的什麼時間點再去話別，可是我很清楚知道我們的前輩，很重視禮數，知道今天這個記者會很多人會來，講這個事情會讓很多人知道她的感謝，但我第一時間很緊張，我問子鴻老師，她的健康有沒有問題，因為我想起了鳳飛飛的最後一場記者會。

當然那個時候，我們不知道鳳姐就會罹癌走了。我做過這麼多記者會，鳳姐是很少數會在前一天親自打電話給主持人，跟我順內容、服裝，我還把那段錄音都錄下來。隔天很順利完成記者會，幾個月之後，演唱會取消了，再幾個月之後她走了。所以，二姐說她不做時，我好緊張，後來他們說沒事，就是想要在最好的時候，跟大家說再見，留下一個美麗的身影。

陳文茜：大家都想知道，Ella 妳現在很年輕，說退休還太早，但我們也看過很多演藝人員，不是每個人都像小燕姐可以紅個三、四十年，都不退的，大多數的人都一、二十年就沒有了，妳已經十三年了，妳希望將來留給觀眾什麼樣的印象？在什麼狀況裡，妳會宣告離開舞台？

Ella：我真的沒有認真想過這個問題，我希望留給觀眾的是，一個很溫暖的人、給你歡笑、在你生活裡像是一個好朋友的人。但是，我還真的沒有想過要怎麼道別，可能有些人會覺得要在最美好的時候離開，就是所謂的急流勇退，但是，我有這個機會做藝人，是很多人很想努力、但不一定會成功的事情，我卻這麼幸運的擁有，而且我的成績還不差，所以，我更應該要珍惜這樣的機會。

像我接到金馬獎的工作時，收到的訊息都是正面的鼓勵，連我自己都覺得：「天啊！我要接這份工作，我真的是瘋了，我怎麼會答應自己做這件事情！」可是別人對我說的都是：「恭喜，妳要主持金馬獎，很棒！加油！很期待。」就好像主持金馬獎是一件非常榮耀的事。當然，對我而言，這的確是一件很了不起的事，可是我知道我的本事在哪，不知道自己有沒有辦法真的做得很好。

陳文茜：佼佼你呢？希望留給觀眾什麼？

黃子佼：我跟她有些地方很像，也是很知足常樂。我們某種程度也很會安慰自己，但是，我對這個工作有一種很奇怪的堅持。因為我跟了小燕姐二十六、七年，其實我是她的粉絲，我小時候追星，追的不是偶像，而是陶大偉、小燕姐，我去看他們錄影，在遠遠的地方，就覺得她好厲害，可以做這麼多事，沒想到我這麼幸運成為她的子弟，跟在她旁邊，到現在我看她，常常覺得自慚形穢，每次人家只要說我很用功時，我都在冒冷汗，然後我腦中就會浮現小燕姐的樣子。

陳文茜：你覺得她比你還用功？

黃子佼：對，其實我現在也浮現小燕姐的樣子。我真的要告訴大家，小燕姐大我兩輪，但她用功的程度比我有過之而無不及。她還要照顧唱片公司、電台無數的員工，還要做節目，而且她看無數影集，我們只要跟她聊，她都接得上話。她完全就是多工處理的金頭腦。所以，每次人家說我用功，我真的是受了小燕姐很大的影響。

陳文茜：所以你希望別人對你留下的印象是什麼？

黃子佼：我希望大家有一天也覺得我是一個很溫暖的人，或者我是個很努力的人。我會想跟小燕姐一樣，就是到現在還在拚，不要言退，我們如果能夠給觀眾一些貢獻，我們就應該要做到最後一刻。

陳文茜：如果年輕人想要有機會變成你們，但是，現在電視頻道實在太多了，網路也這麼多，一個人要出來很困難，包括可以用YouTube自己上傳影片，以及想辦法看看黃子佼會不會看中他，或是上節目，譬如在「大學生來了沒」裡發言，佼佼，如果是你，現在會做什麼事情？

黃子佼：我真的覺得現在的年輕人還滿辛苦的，大家要關注的事情太多了，可是，如果大家對於表演有興趣，追根究柢在於你是不是真的喜歡這份工作，圈內人是看得出來的。譬如，在我比較低潮時，還是有人給我機會，因為他們知道我雖然不紅，可是我好愛這個工作，而且我看的電影、聽的音樂，比那些很紅的人更多，所以最重要的在於熱忱。我看電影時，根本沒有電影記者會可以主持，可是我愛。所以，不要先把目的放在前面，而是把你自己的初衷，永遠放在心裡的某個位置。

現在雖然媒體多、電視台多，可是反過來說，曝光的機會也多了，在過去只有三台的年代，那時候好難，全台灣大概只有十個綜藝節目，不會重播，可是，現在如果你稍微有一點本事，都有機會進電視台，當記者也好，當諧星也好，機會其實比以前多，門更開了，當然你的競爭者也多，所以你要更努力，就這麼簡單。

我每次都告訴我自己：「當黃子佼是挺難的，可是黃子佼先生，你敢放鬆嗎？你看小燕姐都還這麼拚！」所以，當小燕姐和我都還這麼拚時，比我晚出道二十七年的你，是不是要比我們更拚！如果你只拚到我跟小燕姐的五分之一，那這個舞台怎麼會給你？所以它是一個比較級，前輩還在拚，前輩沒有放鬆，你就要繼續加倍努力。就像馬拉松，他已經在前面了，你不能說我不跑了，你就得要快馬加鞭，可能永遠追不上小燕姐，可是不能因為這樣就放手，你只能繼續努力，堅持那個信念。

陳文茜：Ella如果妳是現在的年輕人，會怎麼辦？

Ella：其實剛剛佼哥講到一句很重要的話，就是機會永遠都是留給準備好的人。我曾經在某一本雜誌上看到彭于晏講的一句話，他說他很喜歡衝浪，但如果你平常沒有把肌肉練好，等到那一道浪真正來的時候，你不見得爬得上去，所以，平日的練習就非常重要。只是等浪其實要等很久，因為每一道浪都長得不一樣，就好像機會，你就是要等到它，但是如果你沒有做好準備，你就站不上那個浪頭。

陳文茜：除了一般我們所面臨的，例如，家人遇到事情或是狗離開妳等等，在工作上讓妳難過的會是什麼？一個人想不出失敗，表示他人生還沒開始！

Ella：我不知道我能跟你們分享什麼，我只能分享，就是抱著一顆很簡單的心，不要想太多。當我難過的時候，就是我真的想太多了。

陳文茜：這是很棒的。我覺得Ella最大的特色，就是她拿了掃把就當麥克風，什麼都不想？

Ella：對！就是那種很單純的勇氣。

陳文茜：妳的特色跟妳的迷人之處其實正在於此。妳裙子撩起來，也不管別人是不是罵妳不莊重。

Ella：換句話説，我其實就是臉皮很厚。所以我也不怕別人笑我，或是説我今天穿了一件很不合適的衣服，站上去的我是自信的，我説服了自己，也可以説服台下的人。而當我在台上，很不自在的時候，別人一定會看出我的彆扭。

陳文茜：Ella妳用什麼方法去面對批評，除了「太讚了！我第一次就『史上』了」，你平常還是會接到負面批評，妳用什麼方法面對？

Ella：我還是會非常難過，所以我盡量不看。因為我覺得那些文字，有時會比正面的反應來得更深刻。因為那東西會在妳的腦子裡一直轉，如果妳不想讓它造成妳的難過，就不要一直去看、去想。

陳文茜：妳不會把它刪除、拉黑、封鎖？

Ella：不會。

陳文茜：有一天你踏入這個社會，有時你位置愈高，你會面臨無情的、笑臉的，但

「我不怕別人笑我，或者是說我今天穿了一件很不合適的衣服，但是站上去的我是自信的，我說服了自己，也可以說服台下的人。」（圖片提供．中天電視）

是很可怕的鬥爭。在職場裡笑裡藏刀的也不少，但雪中送炭的也有。社群網路其實是教導很多人在進入真實社會，離開父母以及很簡單的同學關係一個非常好的學習之道，你們同意嗎？

黃子佼：同意，而且我可以呼應Ella講的，譬如金馬獎，她說起碼她有做好功課，所以，當你被批評任何一件事情時，第一時間還是會不滿，可能沒辦法這麼豁達，可是你第二時間就開始想，我有沒有對得起這件事，譬如你到底是不是一個好班代，其實你自己最清楚，你有沒有偷懶、打混，怎麼會是隔壁班的來告訴你？你確定你做得ＯＫ，那麼這個酸言酸語，就可以放一邊了。

你對得起自己就好，面對這些評價、討論、批評、酸民，我覺得最後還是回歸到自己。包括金馬獎我是不是準備夠了，有人喜歡，有人不喜歡，但起碼我對得起執委會和電影這件事。

陳文茜：即時新聞有一半都是錯的，都是假的，你們同意嗎？即時新聞這一刻告訴你這樣，下一刻又告訴你前面的新聞是假的，把每一個人都搞成焦慮症。

如果有一天妳突然發現，妳這樣的角色不再紅了，因為妳的樣子比較可愛，如果沒有做角色轉換，演藝人員的年齡都是限制，像張小燕這樣沒有限制，是很特別的事。這時去賣冰淇淋你會傷心嗎？而在賣冰淇淋時，被說：「妳是那個Ella嗎？怎麼老那麼多？怎麼會在這邊賣冰淇淋？」妳有什麼感覺？

Ella：所以要把錢存起來，不要亂花。我覺得老了要做自己開心的事情，因為一定會有要說再見的時候，就是市場會有淘汰妳的時候。這樣的心情本來就應該要早早做好準備，只是說等到那一刻真的來臨時，你當然還是會沮喪，還是會覺得有一些落寞，只是妳要怎麼去調適。

而人生不會只有金馬獎這一件事。我還有家庭、我愛的家人、爸爸媽媽，他們都健健康康，而且他們都知道我很愛他們。我常常跟大家分享什麼叫成功？或許你們看到我現在的樣子，好像很光鮮亮麗，我可以接很多的代言，還有機會站在舞台上表演，會覺得這樣是成功的。可是我認為真正成功的人，是你不用有什麼樣的成就，可以把身邊的人都照顧好，讓愛你的人感到放心，這就是成功。

小時候我們家裡環境沒有很好，我爸爸一個人、一隻手，還是有辦法擔起這個家，我就覺得爸爸是超人。我小時候，當然也會幫忙家裡做事，還沒有進這個圈子之前，我的志向是當普通的上班族，只要能把我自己照顧好，每個月賺錢進來，還可以拿錢貼補家用，我覺得這樣就已經很了不起，這就是我的志向。

陳文茜：小學時，介紹爸爸是養豬的人，沒有人笑你嗎？

Ella：我忘了，好像沒有，我沒有介紹家裡是養豬的，可是我不會覺得養豬有什麼不能說。我們家真的養很多豬，我媽媽是家庭主婦，養豬很辛苦，可是我覺得他們都是很成功的人，把我們四個小孩子都養得白白胖胖的，雖然我們不是很富裕的小孩，要什麼就有什麼，可是至少我們沒有餓死，沒有流落街頭。

陳文茜：她講得多棒，說她爸爸養了四百頭豬，媽媽把他們都好好帶大，是很成功的人。

Ella：他們扮演很成功的角色，就算家裡再怎麼辛苦，都沒有放棄這個家庭，放棄任何一個成員，就是一直努力維持這個家。

陳文茜：佼佼你看起來很像會奮戰到最後，躺下棺材前，主持完你的喪禮才躺下去的人？

黃子佼：其實我有階段性的改變，有一段時間常常做跨界的記者會，我看到一些生意人很佩服他們，包括我上個禮拜主持一場尾牙，覺得演藝圈好渺小，那位董事長在台上致詞說：「各位同仁，去年我們表現得還不錯，總收益是八千億元，今年我們目標一兆好不好？」我就想我們哪家電視台、雜誌社、報社可以做到八千億？我們娛樂圈，唱片公司再大，華研唱片、華納唱片再多也沒有六千人吧？可是那位董事長旗下卻有六千人。所以，我常覺得演藝圈很渺小，不認為自己很了不起，可是我們有機會影響別人，因為我們站在浪頭上，或是螢光幕前，不是說我一定要做到老、做到死，而是如果有一天我還能逗大家笑，何樂而不為？

（二〇一五年一月二十日）

青年提問

提問　你們是公眾人物，會受到很多人矚目，社會上一定有很多人對你們有一些過高或過低的要求，你要怎麼告訴自己，應該努力到什麼程度，要對觀眾負責到什麼程度，同時也對自己的人生和家人負責？

黃子佼：這在於你的時間管理。很多人以為我只睡五、六個小時，但其實我每天都睡七到八小時，沒有人相信，其實很簡單，請你把你醒著的十六小時當三十二個小時用。把那些非常零碎的時間都能善用時，就不會忽略你的朋友、家人，甚至你的狗，還有你的工作以及休閒。

提問　我想要請問Ella，就是自從S.H.E出道之後，妳的風格就很明顯的跟Hebe和Selina不一樣，當大家都在討論Selina和Hebe很漂亮，卻絲毫沒有提到妳時，妳會不會為此感到難過，而想要改變自己的風格，跟她們學習？

Ella：我完全不會在意，因為我從小就不覺得自己是漂亮女生，但我很可愛，這是我很確定的事。我不可能漂亮過任何人，我們家是三個姊妹、一個弟弟，大姊、二姊都很漂亮，我不是漂亮的那個，但很有人緣。剛出道時，真的覺得不要放太女性化的東西在我身上，可以穿得很帥，還特別跟公司要求這件事情。我可能就是臉皮很厚吧，很有自信。

提問　兩位在兩岸三地和大中華區都有很多工作機會，看到很多不同國家的年輕人，對於台灣的年輕人有什麼建議？希望我們用哪種心態，或是要準備什麼，面對競爭的環境？

黃子佼：千萬不要忘記，生活中給你的啟發其實有很多道理，譬如，你有了手機之後，會拚命下載各種APP；買了筆電會拚命下載各種合法軟體；買了悠遊卡會拚命加值，因為你要用。那就對了！請你把你的大腦，比照手機、電腦、悠遊卡，一直加值你的腦，一直灌入更多的資料，而不要急著去讓手機更有趣，讓電腦更多好玩的軟體。到最後你就發現這裡空了。這道理相信每個人都懂，你悠遊卡用完了，還能夠繼續嗶嗎？你會被抓對不對？所以請你一直放東西進去你的腦袋，就會自然發現一條路，而別人也會注意到，原來你的悠遊卡好有錢，可以借我嗶一下嗎？你就有了被利用的價值，有時，我覺得被人家利用，是善用、是好事，但是你必須要先儲值自己。

黃子佼

高潮時享受掌聲，低潮時享受人生的全方位藝人及創意生活家。

Ella

可以勇敢，也可以溫柔，認真演繹生命的每個角色。

圖片提供／陳文茜

「心中的夢想是什麼，必須自己去找。
在尋找的過程中可能會受傷，
但你有一個很大的本錢：
年輕人還有很多時間可以受傷。」

——陳文茜

PEG0393

我害怕・成功

作　者—陳文茜
主　編—黃安妮
封面設計—繁花似錦
內頁設計—李宜芝
責任企劃—張媖茜
董事長
總經理—趙政岷
總編輯—余宜芳
出版者—時報文化出版企業股份有限公司
10803台北市和平西路三段二四〇號四樓
發行專線—（〇二）二三〇六—六八四二
讀者服務專線—〇八〇〇—二三一—七〇五
（〇二）二三〇四—七一〇三
讀者服務傳真—（〇二）二三〇四—六八五八
郵撥—一九三四四七二四 時報文化出版公司
信箱—台北郵政七九～九九信箱
時報悅讀網—www.readingtimes.com.tw
電子郵件信箱—history@readingtimes.com.tw
法律顧問—理律法律事務所 陳長文律師、李念祖律師
印刷—詠豐印刷股份有限公司
初版一刷—二〇一五年十月八日
初版三刷—二〇一五年十二月十一日
定價—新台幣四二〇元

⊙行政院新聞局局版北市業字第八〇號

國家圖書館出版品預行編目資料

我害怕，成功 / 陳文茜著. -- 初版. -- 臺北市：
時報文化, 2015.10 面； 公分

ISBN 978-957-13-6395-0（精裝）

1. 言論集

078　　104017738

ISBN 978-957-13-6395-0
Printed in Taiwan